QRコードでパッと調べ
皆でつくる学習問題！

社会科ワークシート

小学5年

佐々木英明 著

JN062837

☀ 学芸みらい社

まえがき

　本ワークシートは、5年生社会科の授業を少ない準備で進めることができるように、教科書ベースでつくりました。なお、一部の「まとめる」の時間については、教科書のページそのものがワークシートになっているため省略しています。その上で、学びの充実に向けて次の点を意識しました。

> ― 活動によってアクティブに動き出し、主体的に学ぶ力を育てる
> ― 話し合いによって互いの違いを知り、多角的・多面的に考える力を育てる
> ― ICT を積極的に活用して、情報活用力を育てる

　以上の3点は、皆様が社会科の授業で意識し、目指していることではないでしょうか。これらを実現することができるように、本ワークシートは次のようなことを特徴としました。

特徴❶　活動から子どもがアクティブに考える姿を引き出す

　単元計画のページ右上に「おすすめの活動」を明記しました。その多くにシミュレーション活動を記載しています。シミュレーション活動は、実際の場面を想像することで携わる人の気持ちになり、本気で考えることができます。子どもが積極的に調べたり話したりするようになり、主体的に学習に取り組む姿を引き出していくことができるのです。

特徴❷　話し合いで「多角的・多面的な見方・考え方」を鍛える

　本ワークシートには、いたるところに「話し合おう」マークがあります。ここは他者の考えを取り入れてほしい、喧々諤々と議論を重ねてほしいという、社会科授業において目指す子ども像に迫ってほしいとの期待を込めています。社会科を通して育てたい「多角的・多面的に社会を見る」力は、「話し合おう」の中でこそ育まれていきます。

特徴❸　QRコードでパッと調べ、毎時間のICT活用を目指す

　本ワークシートの単元計画の右側には、全時間「ICT活用例」を記載しています。ここに個別の学習成果をまとめたり、それを共有したりする活用例を示しました。これにより、学習を個別化するとともに、必要に応じていつでも共有できる学習環境を整えることができます。また、おすすめのQRコードも示しました。子どもがパッと効率的に調べ、そこで得た情報を取捨選択することで、より効果のある学びができるようになればと願っています。

　本ワークシートを手に取ってくださった皆様が日常の社会科授業の準備時間を短縮して「働き方改革」を進められたら幸いです。そして、子どもたちが学びを楽しみながら、社会に主体的にかかわろうとする態度が育まれていくことを願っています。

令和6年2月

佐々木英明

❶ 単元について

教科書は学びのプロセスの基本

　本ワークシートは東京書籍を参考に単元計画を作成しました。学習問題をつくる「つかむ」。知識や技能を身に付けたり、考えをまとめたりする「調べる」。単元の学びを振り返り、分かったことや考えたことを整理・分析する「まとめる」。そして、大単元ごとに、学びを生活場面で適用する「いかす」。社会科の問題解決的な学びは、「型」が明確です。子どもがこの「型」を獲得し、実際の社会問題に向き合っていくための力として育てていきましょう。

　また、教科書の内容に関係する他のことも調べていくように促していきたいものです。そのために、地図帳や資料集、そしてICTを自在に駆使できるようにしていきましょう。

❷ 評価の観点について

毎時間の目指す子どもの姿を明らかにする「主として育てる資質・能力」

　本ワークシートでは、1時間の授業で特に育てたい資質・能力を決めることで、目指す子どもの姿を明確にしました。単元の冒頭は、生活とのかかわりから学び始めることで、「主体的に取り組む態度」（本書では【主体態】として記載）の評価場面として設定しました。単元の中盤は、前半の調べ学習場面には「知識・技能」（本書では【知・技】として記載）を、後半には「思考力・判断力・表現力」（本書では【思・判・表】として記載）の評価場面を設定し ました。そして、単元の終わりは、知識を整理し総合する学習では「知識・技能」、活用する場面では「思考力・判断力・表現力」の評価場面として設定しました。

　毎時間の授業で主に育む資質・能力を明確にすることで、評価の観点を意識した授業を進め、自分の学びの深まりを感じられる「子どものための評価」と、授業の良し悪しを判断できる「教師のための評価」をともに実現できればと考えています。

❸ テーマの深掘り・探究のポイントについて

子どもの多様な考えを引き出し価値付ける評価の言葉を

　本ワークシートでは、全単元全時間の掲載を目指したことから、教師ページは最小限のスペースしかありません。この欄の予想意見に縛られることなく、調べたことをもとに自分の考えを述べているのかを見てほしいです。教師が想定しなかった答えを書いた子どもは、決してbadではないはず。教師の想定が足りなかったのか、または学級の子どもたちが教師の想定を超えて多角的・多面的に学んでいるのかもしれません。先生方には、子どもの発言やノートの記載に「どうしてそうなったのか」とさらに問い、そこから学びを深掘りしていくような価値付ける評価の言葉をたくさんかけてほしいです。

■ 目次

① わたしたちの国土

国土の気候の特色

あたたかい土地のくらし

寒い土地のくらし

2 わたしたちの生活と食料生産

くらしを支える食料生産

米づくりのさかんな地域

水産業のさかんな地域

これからの食料生産とわたしたち

③ わたしたちの生活と工業生産

4 情報化した社会と産業の発展

情報産業とわたしたちのくらし

情報を生かす産業

情報を生かすわたしたち

5 わたしたちの生活と環境

1 わたしたちの国土

地球の写真や地球儀、地図帳を見て、調べたいことを話し合いましょう

年　　組　名前（　　　　　　　　　　　　　）

❶ 地球儀や地図帳を見て、気付いたことや疑問を10こ目指して書きましょう。

地球儀	地図帳

❷ 気付いたことや疑問を話し合って、地球や世界のことについてわかったことと疑問について話し合いましょう。 **話し合おう**

わかったこと：
....
....

疑問：
....
....
....

❸ 気付いたことや疑問を話し合って、日本についてわかったことと疑問について話し合いましょう。 **話し合おう**

わかったこと：
....
....

疑問：
....
....

❹ これからの学習に向けてめあてをつくりましょう。
....
....
....

わたしたちの国土

世界の中の国土

単元計画

	主な学習活動と評価	本時の問い	ICT 活用例
①	地球儀や世界地図を見て大陸や海洋の名称を確認し、日本の国土の特徴に目を向けた学習問題をつくる。【主体態】	地球儀や地図を見て、世界の中の日本の学習問題をつくりましょう。	Google Earth、Google マップを使って大陸の形や海の広がりに気付く。
②	世界地図から、緯線や経線を使って国の位置を調べ、写真や国旗から国の特徴を調べる。【知・技】	世界の主な国々と日本の位置や国旗を調べましょう。	Google Jamboard を使って、グループごとに調べたことを世界地図に書き込む。
③	日本の領土とその周りの地図を使って、国土の特色や周りにある海や国を調べる。【知・技】	日本の国土は、どんな特色があるでしょうか。	Google Jamboard に日本地図を貼り付けて特徴を書き込む。
④	日本の領土の範囲と抱える課題について調べ、日本の国土の特色についてまとめる。【知・技】【思・判・表】	日本の領土の範囲はどのようになっているのでしょうか。（日本の国土の特色についてまとめましょう。）	スクールタクトでまとめの表に学習したことを記入し、基本的な知識が身についたかを確かめる。

教材化のポイント

　この単元は、地球儀や地図帳を使う活動を中心にして、それぞれの読み方を正しく身につけさせていきましょう。扱う情報量が多いのでグループごとの活動を中心にして、共同編集機能を使って調べたことをまとめるようにするとよいです。地図帳や Goolge Map 等で調べてわかったことを互いに伝え合いながら Google Jamboard や A3 サイズ位の大きなシートにクラスのみんなで地図を完成させていくような活動にすると盛り上がります。「日本の特色は○○」とロゴをつくり、思考・判断・表現する活動も積極的に取り入れていきましょう。

テーマ深掘り・探究のポイント

・海に囲まれた国、ユーラシア大陸の東にある国、北半球の国、西のユーラシア大陸と東の太平洋の間にある国など。

・白地に太陽が赤く輝いている様子を表している。飛鳥時代にはすでに聖徳太子が遣隋使に渡した文書に「日出ずる国」という考え方が書かれている。

・排他的経済水域の意味…自国の沿岸から 200 海里（約 370km）までは天然資源開発などの権利が認められている。領海も含まれている。

・日本は、北半球でユーラシア大陸の東側に位置していて、海に囲まれたくさんの島々から成り立っているため、広い領海をもっている。

・日本は、島国で周りを多くの海に囲まれている。すると、日本の国土の外側 200 海里分もすべて日本の排他的水域となるから、相当な面積になると考えられる。

地球儀や地図を見て、世界の中の日本の学習問題をつくりましょう

年　　組　名前（　　　　　　　　　　　　　）

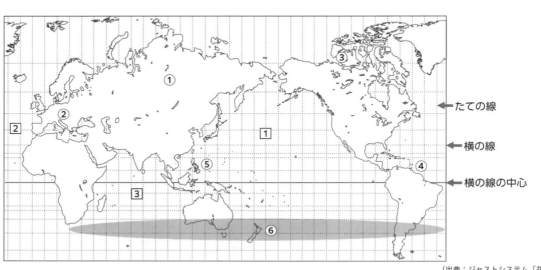

（出典：ジャストシステム「花子」）

❶ 地図を見て大陸と海の名前を記入しましょう。

大陸
①
②
③
④
⑤
⑥

海
1
2
3

横の線、たての線の名前を調べよう。
....
横の線　　　　　　　　　横の線の中心
....
たての線
....

❷ 世界地図から日本はどんな場所にあるのかを考え、話し合いましょう。

話し合おう

....
....
....

❸ 単元の学習問題をつくりましょう。

世界の主な国々と
日本の位置や国旗を調べましょう

年　　組　名前（　　　　　　　　　　　　　　）

❶ 国旗の国名を調べましょう。

国旗	国名	国旗	国名

※時間がある人は、旗の意味を調べたり写真からくらしの様子を想像したりしてみましょう。

❷ 日本と同じ緯度と経度にある国を調べてみましょう。

日本と同じ緯度：

日本と同じ経度：

❸ 日本の国旗の意味を調べましょう。

※時間がある人は、今日調べた国旗の意味も調べてみましょう。

日本の国土は、どんな特色があるでしょうか

年　　組　名前（　　　　　　　　　　　）

❶ 下の地図を見て、日本の国土と周りの国について調べましょう。

島①
....

島②
....

島③
....

島④
....

排他的経済水域の
意味を調べましょう。

....

....

....

島の名前
....

日本の海岸線の長さ
　　約（　　　　　）km

※世界で
　　　　（　　　　　）番目

島の名前
....

....

海1
....

海2
....

海3
....

海4
....

（出典：ジャストシステム）

❷ 上の地図の日本の端の島に〇をつけ、名前を書きましょう。

	島の名前		島の名前
北		南	
東		西	

❸ 日本の周りにある国の名前を調べましょう。

....

....

....

チャレンジ 地球の大陸は表面上を移動して今の形になったといわれています。（大陸移動説）
日本の国土が今後動くなら、どこに動いてほしいかについて話しましょう。

話し合おう

....

....

14

日本の領土の範囲は
どのようになっているのでしょうか

年　　組　名前（　　　　　　　　　　　　　　）

❶ 領土と領海、領空の広さを調べ、言葉の意味を説明しましょう。地図に範囲を書きましょう。

領土	
領海	
領空	

（出典：国土地理院ウェブサイト）

❷ 外国が領有を主張している島について調べましょう。

	領土の名前	外国の主張
ロシア		
韓国		
中国		

❸ 日本の国土の特色を文章で書いてまとめましょう。

· ·

· ·

· ·

チャレンジ 日本の領土は世界61位の面積ですが、排他的経済水域だと6位の面積になります。
どうしてこのようにちがうのでしょうか。調べて考えを話し合いましょう。

話し合おう

· ·

· ·

· ·

わたしたちの国土

国土の地形の特色

単元計画

	主な学習活動と評価	本時の問い	ICT活用例
①	地球儀や世界地図で日本の国土を見渡し、地形の特色をつかみ学習問題をつくる。【主体態】	国土の地形について話し合い、学習問題をつくりましょう。	Google Earthのストリートビューで特色ある地形の実際の様子を見る。
②	日本の地形の地図を読み取り、山地や平野の広がりについて調べる。【知・技】	山地や平地の特色や広がりは、どのようになっているのでしょうか。	Google Jamboardを使って、グループごとに調べたことを日本地図に書き込む。
③	日本の領土とその周りの地図を使って、国土の特色や周りにある海や国を調べる。【知・技】	日本の川や湖、地形の特色についてまとめましょう。	Googleスライドを使って山地、平野、川・湖の項目でまとめる。

教材化のポイント

　この単元は、地球儀やGoogle Earthを使って日本の国土を宇宙から眺めるような活動から始めるとよいです。地図にある入り組んだ海岸や多くの山地など、外国と比べて特徴的な地形に着目させることで、子どもが地形の特色に気付いていく展開にしていきましょう。調べ学習では、写真やストリートビュー、河川の流れ等は動画を使うなどして、その場にいるような感覚で地形を読み取るようにすることで、名前を覚えるだけの学習にならないように配慮することが大切です。

テーマ深掘り・探究のポイント

・海岸が入り組んでいる。国土の中心に山地が多く見られる。川が短い。海の近くに平らな土地が広がっている。山地にも人が住んでいて農業をしている。大きな島の先たんに半島が見られる。火山が集まっている。山の上に大きな湖がある。

・山地や山脈がいたるところにあって数が多い。北海道、本州、四国、九州、すべての島の中心にせぼねのように高い山脈が連なっている。

・日本列島はプレートとプレートがぶつかっている場所にある。海洋プレートが大陸プレートにしずみこむことで高温になり、また、プレートに含まれる水の周囲が岩石を溶かしてたくさんのマグマが生み出されるから。

・日本の国土は、山地・山脈といった山の連なりが多く、その周りに国土が広がるようにしてできている。川から海までのきょりが短く高さの変化も大きいので流れが急である。川の下流には平野が広がっていて、そこには大都市があって人口が多い。

・太平洋側にあるフィリピン海プレートが動くことで、ユーラシア大陸側にあるユーラシアプレートがおされ、土地がもりあがったから。

国土の地形について話し合い、学習問題をつくりましょう

年　　組　名前（　　　　　　　　　　　　　　）

❶ 地図帳を使って地形の名前を当てるクイズを出し合いながら、日本の地形の
特色について気付いたことをまとめましょう。 話し合おう

	気付いたこと（どんなところにその地形があるか、その地形の生活の様子など）
山	
海岸	
川	
平地	
湖	
半島	
島	
その他	

❷ 外国と比べると、日本の国土はどんな特色があるか考えましょう。

⋯⋯⋯

⋯⋯⋯

⋯⋯⋯

❸ 単元の学習問題をつくりましょう。

山地や平地の特色や広がりは、どのようになっているのでしょうか

年　　組　名前（　　　　　　　　　　　　　）

❶ 地図で調べて白地図に日本の山や山地、山脈と平らな土地の名前を書きましょう。

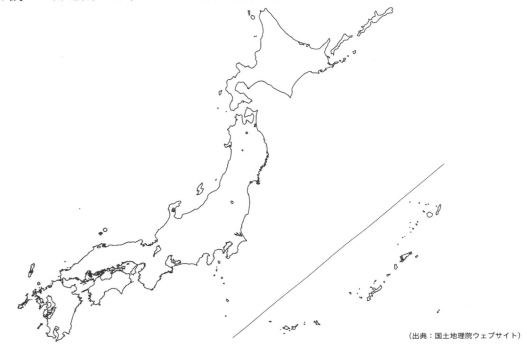

(出典：国土地理院ウェブサイト)

❷ 日本の山地、山脈にはどんな特色があるのでしょうか。

………
………
………

❸ 平野や盆地はどんなところにあるのでしょうか。

平野：…………………………………………………………………………………………………

盆地：…………………………………………………………………………………………………

チャレンジ！

日本は、「火山大国」と呼ばれるほど火山が集まっています。理由を調べてみましょう。

………
………
………

日本の川や湖、地形の特色について まとめましょう

年　　組　名前（　　　　　　　　　　　）

❶ 地図で調べて白地図に日本の川や湖の名前を書きましょう。

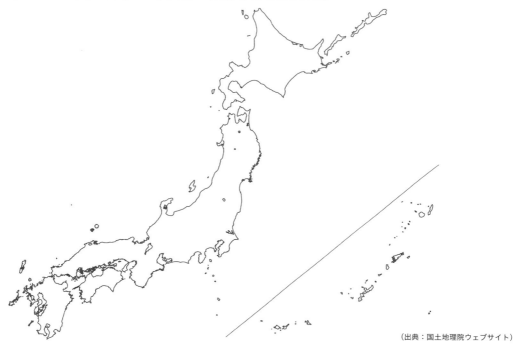

（出典：国土地理院ウェブサイト）

❷ 日本の川、湖にはどんな特色があるのでしょうか。

川：

湖：

❸ 日本の国土の地形の特色について話し合い、文章でまとめましょう。

話し合おう

チャレンジ

日本には平地よりも山地が多いのはなぜでしょうか。理由を調べてみましょう。

わたしたちの国土

高い土地のくらし

単元計画

	主な学習活動と評価	本時の問い	ICT 活用例
①	写真や地図を使って高い土地の様子を読み取る活動から自分の地域との違いを見付け、学習問題をつくる。【主体態】	嬬恋村の様子や人々のくらしについて、学習問題をつくりましょう。	Google Earth のストリートビューで嬬恋村の地形の実際の様子を見る。
②	嬬恋村が開墾を進め、キャベツづくりを始めるまでの様子を調べる。【知・技】	嬬恋村のキャベツづくりがさかんになってきたわけ。	ストリートビューで嬬恋村のキャベツ畑の様子を見る。
③	嬬恋村で行っているキャベツづくりの工夫について調べ、農業の仕組みを理解する。【知・技】	嬬恋村のキャベツづくりの工夫。	嬬恋村のキャベツ農業の動画を見て、つくり方を確認する。
④	嬬恋村の豊かな自然を生かした生活の工夫について調べ、高い土地のくらしの特色について考えてきたことをまとめる。【知・技】【思・判・表】	嬬恋村は、豊かな自然をどのように生活に生かしているでしょうか。（嬬恋村の人々のくらしや産業における工夫についてまとめましょう。）	Google Jamboard で嬬恋村と自分たちのまちのどちらで生活したいか考える。

教材化のポイント

　この単元は、土地の高さによる生活の変化について捉えていきます。自然条件とくらしが密接に関係していることは、その後の産業学習の基本となります。ですから、住んでいる地域や都道府県の特徴には当てはまらない方を取り上げるようにしたいものです。また、地図帳で地形の特徴を読み取り、Google Earth の３Ｄマップやストリートビューで地形の特徴を立体的につかむなどして、高い土地で生活するための工夫やさかんな産業について考えられるようにすることが大切です。

テーマ深掘り・探究のポイント

・土地が高く、山に囲まれているので１年を通じて気温が低い。そのため、盆地のキャベツさいばいや坂道を生かしたサイクリングがさかんになっている。

・山に雪があるように、標高が高くなると気圧が低くなり、気温が下がる。

・道：国道や高速道路で収穫したキャベツを大都市に輸送できるようになった。土地：土地を耕して、涼しい気候を生かしたおいしいキャベツをつくれるようになった。

・種まきの時期をずらし何回かに分けることで、長い期間キャベツを収穫できるようになった。そのため、他の地域では出荷できない時期にキャベツを高値で売ることができる。

・高原の自然やおいしいキャベツを生かして、多くの観光客が訪れるようにした。
・高い土地にくらす人々は、開墾を進めてキャベツを中心とした農業だけでなく、高原の自然も生かして、魅力あるまちへと変えていった。

嬬恋村の様子や人々のくらしについて、学習問題をつくりましょう

年　　組　名前（　　　　　　　　　　　　）

❶ 写真や地図を見て、群馬県嬬恋村の土地の特色について気付いたことをまとめましょう。

	気付いたこと（山や畑の様子、家や建物、道路など土地利用の様子）
山の様子	
畑の様子	
家や建物	
道路など	
その他	

❷ 嬬恋村の人々のくらしにはどんな特色があるのか話し合いましょう。

話し合おう

❸ 火山灰地の土はどんな特徴があるかを説明してみましょう。

❹ 単元の学習問題をつくりましょう。

チャレンジ
標高が高くなると気候はどのように変わるのでしょうか。仕組みを調べてみましょう。

嬬恋村のキャベツづくりが さかんになってきたわけ

年　　組　名前（　　　　　　　　　　　　　　）

❶ 嬬恋村のまわりはどのような土地ですか。写真や地図を使って調べましょう。

....

....

....

❷ 嬬恋村でキャベツづくりを始めるためにどんな工夫をしてきたかを昔の写真や年表、動画、下の地図などを使って調べ、道と土地の変化についてまとめましょう。

(出典：嬬恋村ホームページ　https://www.vill.tsumagoi.gunma.jp/www/)

道：

....

....

....

土地：

....

....

....

嬬恋村のキャベツづくりの工夫

年　　組　名前（　　　　　　　　　　　）

❶ 教科書の写真を見て、キャベツのつくり方をまとめましょう。

①		
②		
③		
④		

❷ 嬬恋村のキャベツごよみをつくり、気付いたことを話し合いましょう。

「嬬恋村のキャベツごよみ」（農事ごよみ…野菜のつくり方をこよみにまとめたもの）　話し合おう

3月	4月	5月	6月	7月	8月	9月	10月

気付いたこと：
……………………………………………………………………………………………………
……………………………………………………………………………………………………
……………………………………………………………………………………………………

❸ 促成さいばいと抑制さいばいの言葉の意味を調べましょう。
……………………………………………………………………………………………………
促成さいばい：
……………………………………………………………………………………………………
抑制さいばい：
……………………………………………………………………………………………………

チャレンジ 嬬恋村以外で、促成さいばいや抑制さいばいをしている地域がないか調べてみましょう。
……………………………………………………………………………………………………
促成さいばい：
……………………………………………………………………………………………………
抑制さいばい：
……………………………………………………………………………………………………

嬬恋村は、豊かな自然を どのように生活に生かしているでしょうか

年　　組　名前（　　　　　　　　　　　　）

❶ 嬬恋村の自然を生かしたイベントを写真やインターネットを使って調べ、楽しめることを表にまとめましょう。

イベント	嬬恋村でできる理由	楽しめること
スキー		
スケート		
自転車レース		
キャベツの給食 キャベツ料理		

❷ 嬬恋村の人々の高原の自然を生かしたくらしの工夫について、自分が住んでいる市町村の様子と比べて考え、話し合いましょう。　　　　　話し合おう

....

....

....

....

❸ あなたが嬬恋村を訪れたら、どのイベントに参加したいですか。理由も書きましょう。

....

....

....

❹ 高い土地にくらす人々の工夫について考えたことや感じたことをまとめましょう。

....

....

....

....

....

低い土地のくらし

単元計画

	主な学習活動と評価	本時の問い	ICT 活用例
①	写真や地図を使って低い土地の様子を読み取る活動から自分の地域との違いを見付け、学習問題をつくる。【主体態】	海津市の土地の様子や、人々のくらしについて、学習問題をつくりましょう。	Google Earth のストリートビューで海津市の地形の実際の様子を見る。
②	海津市が水害を防ぐために進めてきた堤防などの治水事業について調べる。【知・技】	輪中に住む人々が水害からくらしを守る工夫を調べましょう。	ストリートビューで輪中地帯の堤防や住宅の様子を見る。
③	海津市で行われてきた稲作の移り変わりについて調べ、農業の仕組みを理解する。【知・技】	輪中では、豊かな水をどのように農業に生かしているのでしょうか。	揚水機場や排水機場の動画を見て仕組みを確認する。
④	海津市の豊かな水を生かした生活の様子について調べ、低い土地のくらしの特色について考えてきたことをまとめる。【知・技】【思・判・表】	海津市の人々のくらしや産業における工夫についてまとめましょう。（海津市の人々は、豊かな水をどのように生活に生かしているのでしょうか。）	Google Jamboard で海津市と自分たちのまちのどちらで生活したいか考える。

教材化のポイント

　この単元は、土地の高さによる生活の変化について捉えていきます。自然条件とくらしが密接に関係していることは、その後の産業学習の基本となります。ですから、住んでいる地域や都道府県の特徴には当てはまらない方を取り上げるようにしたいものです。また、地図帳で地形の特徴を読み取り、Google Earth の３Ｄマップやストリートビューで地形の特徴を立体的につかむなどして、低い土地で生活するための工夫やさかんな産業について考えられるようにすることが大切です。

テーマ深掘り・探究のポイント

・土地が低く、大きな川に囲まれているので洪水にあわないようにまちをつくっている。町の周りには川の豊かな水を利用して農業がさかんになっている。

・土地が川の水面より低くても堤防や排水機場で水が入らないから。

・洪水が起こりにくく、起こっても被害を少なくすることができるようになったので、農業による生産が安定し、豊かで安全な生活ができるようになった。

・水田が広くて整った形で、水はけのよい土になったので機械を使った大規模な生産ができるようになり、野菜や果物も生産できる豊かな農業地帯になった。

・豊かな水を生かした魅力ある施設をつくり多くの市民や観光客が訪れるようにした。
・低い土地にくらす人々は、治水事業によってくらしを守るだけでなく農業を発展させ魅力あるまちへと変えていった。わたしも輪中に行って豊かな川の景色を楽しんでみたい。

海津市の土地の様子や、人々のくらしについて、学習問題をつくりましょう

年　　組　名前（　　　　　　　　　　　　）

❶ 写真や地図を見て、岐阜県海津市の土地の特色について気付いたことをまとめましょう。

	気付いたこと（川や土地の形、家や建物、道路など土地利用の様子）
川の形	
土地の形	
家や建物	
道路など	
その他	

❷ 海津市の人々のくらしにはどんな特色があるのか話し合いましょう。

話し合おう

....

....

....

❸ 輪中とはどんなところかを説明してみましょう。

....

....

....

❹ 単元の学習問題をつくりましょう。

チャレンジ 海津市の面積のおよそ4割が海ばつ0mです。どうして、こんなところで人が住めるのでしょうか。「海ばつ」の言葉の意味を調べ、考えましょう。

....

....

....

輪中に住む人々が
水害からくらしを守る工夫を調べましょう

年　　組　名前（　　　　　　　　　　　）

❶ 海津市が水害を防ぐためにどんな工夫をしてきたかを昔の地図と比べて調べ、書きましょう。

川の流れ
....
....
....
....

千本松原の役割
....
....
....

家のつくり
....
....
....
....

（出典：国土地理院ウェブサイト）

❷ 排水機場とはどのようなものか動画を見て調べましょう。
....
....

❸ 海津市の人々が水害の防止のために今でも取り組んでいることをまとめましょう。
....
....
....

❹ 海津市の治水事業によって、輪中に住む人々のくらしはどのように変わった
のでしょうか。調べたり考えたりしたことを話し合いましょう。

話し合おう

チャレンジ！
輪中はいつごろ、どのようにしてつくられたのでしょうか。調べてみましょう。
....
....
....

27

輪中では、豊かな水をどのように農業に生かしているのでしょうか

年　　組　名前（　　　　　　　　　　　　　）

❶ 埋め立てする前の水田の写真を見て、気付いたことをまとめましょう。

....

....

....

❷ 田の広さや形を変える工事をして輪中がどのように変わったか調べ、地図にまとめましょう。

田の広さの変化：

....

....

田の形の変化：

....

....

田の土の変化：

....

....

....

(出典：国土地理院ウェブサイト)

❸ 揚水機場とはどのようなものか動画を見て調べましょう。

....

....

❹ 輪中の水田を埋め立てて変えたことで、農業がどのように変わったのでしょうか。調べたり考えたりしたことを話し合いましょう。　　　　　　　話し合おう

....

....

....

チャレンジ!

海津市以外で、流れを変える大きな治水工事をした川がないか調べてみましょう。

....

....

....

海津市の人々のくらしや産業における工夫についてまとめましょう

年　　組　名前（　　　　　　　　　　）

❶ 木曽川、長良川、揖斐川や河川敷の自然を生かした施設やイベント、漁業について、教科書やホームページを見て、どんなことを楽しめるのか調べ、表にまとめましょう。

豊かな自然の利用	近くにある川	楽しめること
木曽三川公園		
木曽川のカヌー教室		
寒ぶな漁		

❷ 海津市の人々の水を生かしたくらしの工夫について、自分が住んでいる市町村の様子と比べて考え、話し合いましょう。 話し合おう

....
....
....
....

❸ あなたが海津市を訪れたら、どの施設に行きたいですか。理由も書きましょう。

....
....
....

❹ 低い土地にくらす人々の工夫について考えたことや感じたことをまとめましょう。

....
....
....
....
....
....

わたしたちの国土

国土の気候の特色

学習計画	**3**時間
おすすめ活動	モデル図作成

単元計画

	主な学習活動と評価	本時の問い	ICT活用例
①	一つの場所の四季の変化や同じ時期の異なる地域の風景の違う写真を読み取る活動から季節と気候の違いを見付け、学習問題をつくる。【主体態】	国土の気候について考え、学習問題をつくりましょう。	3月の全国各地の動画や桜前線のニュース動画を見てくらしの違いに気付けるようにする。
②	つゆや台風、季節風の仕組みについて調べ、四季の変化や地域による違いの特色を整理する。【知・技】	日本のつゆや台風、季節風には、どのような特色があるでしょうか。	Googlスライドでつくったモデル図を使って、季節風による雨や雪の降り方を確かめる。
③	全国各地の雨温図を読み取る活動から気候の特色をつかみ、日本の四季の変化の様子と知己による気候の違いについて文章でまとめる。【知・技】【思・判・表】	日本の気候の特色についてまとめましょう。（各地の気候には、どのような特色があるのでしょうか。）	Googleスライドで日本地図を貼りつけた台紙の上に、6つの雨温図を位置付け、仲間と理由を確認して確かめ合う。

教材化のポイント

　この単元は、日本の四季の変化や地域による気候の変化について調べ、その特色をつかんでいきます。単なる暗記や一方的な教え込みにならないように、自分の地域との比較を促して気付いたことや感想を積極的に引き出すような授業にしたいものです。また、つゆや台風、季節風の仕組みを地図や立体で捉えられるようにするため、Googleスライドなどでモデル図を作成し、子どもが自分の手で操作して確かめられるようにするとよいです。各地の雨温図は、位置付く根拠を説明できるようにしましょう。

テーマ深掘り・探究のポイント

・知床：北極海から流れてきた流氷の中を行く観光船に乗っている。
　蔵王：滑走きょりが長く日本最大規模のスキー場で白銀の樹氷と美しい景色が見える。
　福岡市：「日本のさくら名所100選」として有名で、「福岡城さくらまつり」が行われる。
　石垣島：3月の初めに海開きをして、様々なイベントをして観光客を集めている。

・ひがんざくら：南に分布する品種。早咲きで、花の色はあざやかなピンク。
　そめいよしの：日本の代表的な品種。全国各地で見られる。接ぎ木で増やすことができる。
　えぞやまざくら：オオヤマザクラとも呼ばれる。葉の開き始めが早く、花の色が少し濃い。

・夏：大陸から吹く風が日本海をわたるときに水分を含んで、たくさんの雨を降らせる。
　冬：太平洋から吹く風でやってきた雲が山にぶつかり、ふもとに雪を降らせる。

・北が 寒くて 南が あたたかい。 また、海岸沿いの 降水量 は多く、内陸部の 降水量 は少ない。

国土の気候について考え、学習問題をつくりましょう

年　　組　名前（　　　　　　　　　　　　）

❶ 長野県松本市の四季の写真を見て、気付いたことを書きましょう。

春	夏
冬	秋

❷ 3月の全国各地の様子を写真や動画を見て、気付いたことを書きましょう。

	気付いたこと（景色、人々の様子）
北海道知床	
山形県蔵王	
福岡県福岡市	
沖縄県石垣島	

❸ 単元の学習問題をつくりましょう。

チャレンジ！

咲き始める時期によって日本には3種類の桜があります。 特徴を調べてみましょう。

....

....

....

....

日本のつゆや台風、季節風には、どのような特色があるでしょうか

年　　組　名前（　　　　　　　　　　　　　　）

❶ 教科書やインターネットで調べて「つゆ」と「台風」の意味について説明し、雨雲の動きを地図に書き込んでみましょう。

つゆ：………………………………………………　　台風：………………………………………………

（出典：国土地理院ウェブサイト）

❷ 下のモデル図は越後山脈と本州の様子を表しています。雲や雨、風を書いて季節による雨の降り方のちがいを説明しましょう。

［夏］

日本海　　　越後山脈　　　太平洋

………………………………………………

………………………………………………

………………………………………………

［冬］

日本海　　　越後山脈　　　太平洋

………………………………………………

………………………………………………

………………………………………………

チャレンジ

季節風のえいきょうを感じたのはどんなときですか。思い出して説明しましょう。

………………………………………………………………………………………………

………………………………………………………………………………………………

………………………………………………………………………………………………

日本の気候の特色についてまとめましょう

年　　組　名前（　　　　　　　　　　　　　）

❶ 教科書の気温と降水量のグラフとその説明を参考にして、全国各地の気候の特色について話し合いましょう。

話し合おう

[北海道の気候]（帯広）

[中央高地]（軽井沢）

[日本海側の気候]（上越）

[太平洋の気候]（静岡）

[南西諸島の気候]（那覇）

[瀬戸内海]（高松）

（出典：国土地理院ウェブサイト）

❷ 日本の季節による気候のちがいと各地の気候の特色について、文章で説明しましょう。文章ができたら読み直して、単元で学んだ気候を表すキーワードを四角で囲いましょう。

あたたかい土地のくらし

学習計画	**4時間**
おすすめ活動	**さとうきびを見る**

単元計画

	主な学習活動と評価	本時の問い	ICT活用例
①	沖縄県の雨温図の読み取りからあたたかい気候と生活や産業とのかかわりについて学習問題をつくる。【主体態】	沖縄県の家やくらしの工夫について、学習問題をつくりましょう。	Googleスプレッドシートを使って、産業やくらしについて予想を整理する。
②	沖縄県の農業の様子を調べ、あたたかい気候をどのように生かしているか調べる。【知・技】	沖縄県のあたたかい気候を生かした産業とは。	NHK for Schoolの動画でさとうきびやきく栽培の様子を見る。
③	沖縄県を訪れる観光客の目的や米軍基地の状況について調べ、県民の心情を考える。【知・技】【思・判・表】	沖縄県のあたたかい気候を生かした観光とは。	スクールタクトを使って有名な観光地について調べ、交流する。
④	沖縄県の文化について調べる活動から、琉球王国の伝統の特色をつかみ、単元で学んだ言葉でキャッチコピーを作成する。【知・技】【思・判・表】	沖縄県の文化やあたたかい土地のくらしの特色をまとめましょう。	NHK for Schoolなどの動画で沖縄県の文化について調べ、スライドに写真を付けてまとめる。

教材化のポイント

　この単元は、温暖な気候の生活の特色について捉えていきます。家や農業、観光などについて調べる活動から、沖縄県の人々が高い気温や台風に適応した生活を送る様子をつかむようにします。また、明治以前は琉球王国であり独自の文化を築いてきた歴史にも触れ、日本にも多様な文化があることを学ぶ機会としていきたいものです。本州以北では目にしないさとうきびの実物をアンテナショップなどで取り寄せ触れさせたり、琉球文化の動画を見せたりしてできるだけ具体的・実感的な授業にしましょう。

テーマ深掘り・探究のポイント

・森林が少なく、川が短いとほかの地域のように山の地下に水をためることができずダムをつくることが難しい。（モデル図やイラストで説明できるとよい）

・さとうきび：きびの枝（茎）を植え1年半ほど経った白い穂が出たころに収穫する。
　砂糖：工場に運んだら細かくくだいて混ぜて煮詰める。結晶と蜜を分離して完成。

・1972年は観光客が50万人にも満たないくらいだったが、2019年には1000万人をこえている。沖縄がアメリカから返還されてからコロナになる前までは、増え続けている。

・観光施設や道路の建設などによって、赤土が海に流れ込んでしまったり、地球温暖化によって海水温度が上昇したりし、さんごが死んでしまうから。

・沖縄県の人々はあたたかい気候を生かした農業を行い、農作物を全国に出荷している。美しい海や砂浜、沖縄ならではの魚や文化もあって観光業もさかんに行っている。

沖縄県の家やくらしの工夫について、学習問題をつくりましょう

年　　組　名前（　　　　　　　　　　　　　　）

❶ 那覇と東京や自分たちの住む地域の気温と降水量のグラフを比べて、気付いたことを表にまとめましょう。また、日本で一番低い気温、大雪を記録したまちはどこか調べてみましょう。

	那覇	東京や自分たちの住む地域	日本一の記録
気温			最低気温
降水量			最大降雪量

❷ 単元の学習問題をつくりましょう。

❸ 沖縄県に台風がたくさんやってくることで、家にどんな工夫がされているでしょうか。

❹ 沖縄県は３月に海開きが行われているようです。沖縄の気温と降水量を見て、自分たちの住む地域の生活とのちがいについて話し合いましょう。　　話し合おう

チャレンジ 沖縄の家の写真を見ると多くの家の屋根に貯水タンクを置いてあり、水不足に備えているそうです。台風が来るのに水不足になる仕組みを説明してみましょう。

沖縄県のあたたかい気候を生かした産業とは

年　　組　名前（　　　　　　　　　　　　　）

❶ 沖縄県の主な農作物の作付面積のグラフを見ると、どんな特徴がありますか。

＿＿＿＿＿＿＿＿＿＿＿＿＿＿＿＿＿＿＿＿＿＿＿＿＿＿＿＿＿＿＿＿＿＿＿＿＿

＿＿＿＿＿＿＿＿＿＿＿＿＿＿＿＿＿＿＿＿＿＿＿＿＿＿＿＿＿＿＿＿＿＿＿＿＿

❷ さとうきびが砂糖になるまでの様子を動画などで調べ、表にまとめましょう。

さとうきびのさいばい	砂糖のつくり方

NHK for School
「沖縄の
さとうきびづくり」

❸ 沖縄県には、さとうきび以外に生産している果物にはどんなものがあるか調べましょう。

＿＿＿＿＿＿＿＿＿＿＿＿＿＿＿＿＿＿＿＿＿＿＿＿＿＿＿＿＿＿＿＿＿＿＿＿＿

＿＿＿＿＿＿＿＿＿＿＿＿＿＿＿＿＿＿＿＿＿＿＿＿＿＿＿＿＿＿＿＿＿＿＿＿＿

＿＿＿＿＿＿＿＿＿＿＿＿＿＿＿＿＿＿＿＿＿＿＿＿＿＿＿＿＿＿＿＿＿＿＿＿＿

❹ 沖縄県はあたたかい気候を生かして、他の地域とは時期をずらしてきくさいばいをしています。いつごろどのようなことをしているか調べ、農事ごよみを完成させましょう。

1月	2月	3月	4月	5月	6月	7月	8月	9月	10月	11月	12月

チャレンジ！ 沖縄県で秋の花の「きく」を12月や3月に出荷し、よく売れているそうです。どうして秋ではない時期に出荷しても売れるのでしょうか。話し合いましょう。

話し合おう

＿＿＿＿＿＿＿＿＿＿＿＿＿＿＿＿＿＿＿＿＿＿＿＿＿＿＿＿＿＿＿＿＿＿＿＿＿

＿＿＿＿＿＿＿＿＿＿＿＿＿＿＿＿＿＿＿＿＿＿＿＿＿＿＿＿＿＿＿＿＿＿＿＿＿

沖縄県のあたたかい気候を生かした観光とは

年　　組　名前（　　　　　　　　　　　　　）

❶ 沖縄県を訪れる観光客は 1972 年からどのように変化しているでしょうか。グラフを見て、気付いたことを話し合いましょう。説明しましょう。

話し合おう

....

....

....

❷ 沖縄県には観光客に魅力のある場所がたくさんあります。観光客はどんなところに行っているのでしょうか。ホームページを見て調べましょう。

話し合おう

場所	楽しんでいること（訪れる目的）

❸ 沖縄県では、さんごしょうが白化しだめになってきています。その理由を調べましょう。

....

....

....

....

チャレンジ！
教科書の地図を見ると、沖縄県にはアメリカ軍基地がたくさんあります。なぜ、沖縄県に多いのでしょうか。歴史や地図を調べて考えてみましょう。

....

....

....

....

沖縄県の文化やあたたかい土地の くらしの特色をまとめましょう

年　　組　名前（　　　　　　　　　　　　　　）

❶ 代表的な沖縄県の文化について調べてみましょう。

場所	楽しんでいること（訪れる目的）
首里城 （しゅりじょう）	
エイサー	
沖縄料理	
琉球舞踊 （りゅうきゅうぶよう）	

❷ あたたかい地方のくらしの特色をキャッチコピーにしてみましょう。自分のキャッチコピーができたら、友達と交流して一番気に入ったキャッチコピーを書き写しましょう。

....

....

....

❸ あたたかい気候でくらす人々の工夫について考えたことや感じたことを話し合い、まとめましょう。

話し合おう

....

....

....

チャレンジ！ 日本で面積が一番小さい都道府県はどこですか。また、人口が一番少ない都道府県も調べ、それぞれの地形やまちの様子を地図で調べてみましょう。

面積が一番小さい [　　　　　　　　　]	人口が一番少ない [　　　　　　　　　]

寒い土地のくらし

	学習計画	**4時間**
	おすすめ活動	滑り止め砂を調べる

単元計画

	主な学習活動と評価	本時の問い	ICT 活用例
①	北海道の雨温図の読み取りから寒い気候と生活や産業とのかかわりについて学習問題をつくる。【主体態】	北海道の家やくらしの工夫について、学習問題をつくりましょう。	Google スプレッドシートを使って、産業やくらしについて予想を整理する。
②	北海道の雪への対策と観光について調べ、くらしの様子を考える。【知・技】【思・判・表】	札幌市は、雪とともにくらす生活をどう営んでいるでしょうか。	スクールタクトで雪を利用した工夫について調べ、交流する。
③	北海道の農業の様子を調べ、寒い気候をどのように生かしているか調べる。【知・技】	北海道では、自然条件を生かした農業をどう行っているのでしょうか。	NHK for School でじゃがいもやてんさいの栽培の様子を見る。
④	北海道の文化について調べる活動からアイヌの人々のくらしの特色をつかみ、単元で学んだ言葉でキャッチコピーを作成する。【知・技】【思・判・表】	北海道に伝わるアイヌの文化はどのようなものでしょうか。 (寒い土地のくらしについてまとめましょう。)	NHK for School などの動画で北海道の文化について調べ、スライドに写真を付けてまとめる。

教材化のポイント

　この単元は、寒冷な気候の生活の特色について捉えていきます。家や雪、農業などについて調べる活動から、北海道の人々が低い気温や降雪に適応した生活を送る様子をつかむようにしましょう。明治以前は蝦夷地と呼ばれアイヌの人々がくらし、独自の文化を築いてきた歴史にも触れ、日本にも多様な文化があることを学ぶ機会としていきたいです。また、北海道ならではのてんさいを原料とした砂糖を取り寄せたり、アイヌの伝統楽器や工芸品を見たりして具体的・実感的な授業にしていきましょう。

テーマ深掘り・探究のポイント

・札幌市は、青森県に次いで雪が多いのに、人口は北海道内の市では一番多い。他の市ではできない、くらしの工夫があるはず。家の中があたたかかったり除雪が行きとどいていたりすることではないか。

・雪が多いからまちの真ん中にある広い大通公園で雪まつりをしたり、近くの山にたくさんのスキー場があったりする。夏場は暑くならないので過ごしやすく食べ物がおいしい。

・米やじゃがいも、さくらんぼ、乳牛、肉牛、ぶた、にわとりなどと多くの農産物を生産している。その中でもじゃがいも生産や酪農は、広い土地を使って大規模に行われている。

・帯広のように景色の端から端まですべて畑というような広い農地があると、大きな機械を使って、一度にたくさんの種まきや水やり、肥料、収穫が可能になる。

・北海道の人々は雪が多くて寒い気候を生かした農業を行い、農作物を全国に出荷している。冬の寒さも夏の涼しさもよさとして捉えて産業や生活に上手に生かしており、先住民族であるアイヌの人たちの地名や文化も北海道民の生活で見られる。

北海道の家やくらしの工夫について、学習問題をつくりましょう

年　　組　名前（　　　　　　　　　　）

❶ 札幌と東京や自分たちの住む地域の気温と降水量のグラフを比べて、気付いたことを表にまとめましょう。また、日本で一番高い気温、大雨を記録したまちはどこか調べてみましょう。

	札幌	東京や自分たちの住む地域	日本一の記録
気温			最低気温
降水量			最大降雨量

❷ 単元の学習問題をつくりましょう。

❸ 北海道は気温が低く、雪も積もることから家にどんな工夫がされているでしょうか。

❹ 北海道も東北地方も雪の降る量はとても多いようです。気温と降水量を見て、自分たちの住む地域の生活とのちがいについて話し合いましょう。

話し合おう

チャレンジ！　寒い地方には、大雪が積もっても車が運転しやすいように道路に様々な工夫があります。どのような工夫があるか調べてみましょう。

札幌市は、雪とともにくらす生活を どう営んでいるでしょうか

年　　組　名前（　　　　　　　　　　　　　）

❶ 札幌市では、190万人もの人の冬の生活を守るために大雪が降るとどのように除雪をするのでしょうか。調べて説明しましょう。

....

....

....

NHK for School
「札幌　除雪」

❷ 北海道は、雪や寒さがあるからできることがたくさんあります。観光客はどんな目的で北海道を訪れるのでしょうか。調べて友達と交流してみましょう。

話し合おう

自分が調べたこと：

....

友達から学んだこと：

....

....

....

❸ 札幌市の観光客数を見ると、冬よりも夏の方が多くなっています。北海道の夏に観光客はどんな目的で来るのでしょうか。調べて考えたことを話し合いましょう。

話し合おう

....

....

....

....

チャレンジ さっぽろ雪まつりでは、毎年自衛隊の協力を得て大雪像が、つくる人の募集をして市民雪像がつくられています。それぞれにどんな目的があるのかについて、つくり方や雪像、参加する人の様子を調べて考えてみましょう。

大雪像	市民雪像

北海道では、自然条件を生かした農業をどう行っているのでしょうか

年　　組　名前（　　　　　　　　　　　　　　　）

❶ 地図帳や写真、動画を使って、十勝地方の気候や土地の特色を調べましょう。

気温	
降水量	

❷ 地図帳で北海道の主な農作物の生産量のグラフを見ると、どんな特徴がありますか。

　　

　　

　　

❸ 帯広で行う「輪作」という農業について下の表を埋めて、どんなよさがあるのかを調べてみましょう。

	畑①	畑②	畑③	畑④	畑⑤
1年目	じゃがいも	小麦	てんさい	スイートコーン	あずき
2年目					
3年目					
4年目					
5年目					

❹ 十勝平野のような広い土地で農業をすると、どんなよいことがあるのでしょうか。調べて考えたことを話し合いましょう。 話し合おう

　　

　　

　　

チャレンジ 帯広は、農業とお菓子が有名で、北海道のお菓子屋さんの本店が集まっています。帯広はどのようにおいしいお菓子をつくっているかを調べましょう。

北海道に伝わるアイヌの文化はどのようなものでしょうか

年　　組　名前（　　　　　　　　　　　　　　）

❶ 代表的な北海道の文化について調べてみましょう。

文化	特徴
スキー	
雪まつり	
農産物	
アイヌの文化	

❷ アイヌ語がもとになった北海道の地名の地図を参考にして、他の地名でアイヌ語が由来のものはないか探してみましょう。

❸ 寒い地方のくらしの特色をキャッチコピーにしてみましょう。自分のキャッチコピーができたら、友達と交流して一番気に入ったキャッチコピーを書き写しましょう。

❹ 寒い気候でくらす人々の工夫について考えたことや感じたことを話し合い、まとめましょう。

話し合おう

チャレンジ！
北海道には、他の都道府県が入りますか。地図帳やパズルで調べてみましょう。

わたしたちは、ふだん、どのようなものを食べているのでしょうか

年　　組　名前（　　　　　　　　　　　）

2 わたしたちの生活と食料生産

❶ 様々な都道府県の特色のある給食のメニューを調べ、気付いたことを話し合いましょう。　話し合おう

都道府県	給食のメニュー	予想される材料

気付いたこと

❷ 学校給食の献立表を見て、メニューと材料、産地を調べ、気付いたことを話し合いましょう。　話し合おう

メニュー	材料（産地）

気付いたこと：

❸ これからの学習に向けてめあてをつくりましょう。

くらしを支える食料生産

| | 学習計画 | **4**時間 |
| おすすめ活動 | **チラシ調べ** |

単元計画

	主な学習活動と評価	本時の問い	ICT 活用例
①	スーパーマーケットのチラシを用いた食料品の産地調べから、単元の学習問題をつくる。【主体態】	食料品の産地について調べ、学習問題をつくりましょう。	Google スライド、Jamboard に貼り付けた日本地図に食料の産地を位置付ける。
②	教科書や地図帳などの資料から日本の米の主な産地について調べる。【知・技】	米の主な産地は、どのようなところでしょうか。	日本地図を貼り付けた Jamboard に見付けた特徴を書き込む。
③	教科書や地図帳などの資料から野菜、果物、畜産の産地の広がりについて調べる。【知・技】	野菜、果物、畜産の産地は、どのように広がっているのでしょうか。	日本地図を貼り付けた Jamboard に見付けた特徴を書き込む。
④	食品の産地を地図に位置付け、分布の特徴を捉える。【思・判・表】	わたしたちが食べている食べ物の主な産地はどのようなところか、まとめましょう。	Google スライドやドキュメントを使って地図上にとめる。

教材化のポイント

　この単元は、知識・技能の習得が学習の中心となります。詰込み学習にならないように、消費行動の想起から始めるのがよいです。スーパーマーケットのチラシ調べはもちろん、実際に家庭学習で調査し、集めてきた産地情報を書き込むと子ども自身の学習となっていきます。単元の終わりには、調べた特産物の産地を日本地図に位置付け、その産地と地形と気候を調べて関連を考える活動を行っていきましょう。この活動によって、農業が自然条件と密接に結びついていることが実感できるようになります。

テーマ深掘り・探究のポイント

・野菜は旬の季節であれば身近な地域が多い。果物は身近な地域が産地の物もある。魚は、近くの海でとれたものが来ている。米は身近な地域の品種が必ず販売されている。

・野菜は大都市の周辺に多いことに加え、北海道と九州に広く分布している。果物は森林が多い山地に集中している。魚介類は、九州と東北、北海道の海沿いに集まっている。

・米は東北地方や北海道といった寒くて農地が多い地域でたくさん生産されている。米は収穫量の多い地方はあるものの、全国でまんべんなくつくられている。

・北海道では、夏の冷涼な気候でも育つように品種改良を進めることに加え、あぜを高くして苗が深く水にもぐるようにして水温で守れるようにしている。
　沖縄では、温暖な気候を利用して米の二期作を行っている。一期作は、6月前後に新米を出荷する。二期作は、9月上旬までに植付するが、台風で一期作の半分程の収量となる。

・野菜：産地は面積の広い北海道と九州、そして、人口が多い関東に固まっている。
　果物：種類によって産地が違い、全体的にはあたたかい地域がさかん。
　畜産：肉牛が全国まんべんなく広がっていて、乳牛は北海道に多い。

食料品の産地について調べ、学習問題をつくりましょう

年　　組　名前（　　　　　　　　　　　）

❶ スーパーマーケットのチラシを切り取って食料品の産地を調べましょう。

食料品名	産地

❷ 身近な地域では、どのような食料品がつくられているか調べてみましょう。

❸ 日本の主食のお米はどのような地域でつくられていますか。調べて考えたことを話し合いましょう。 話し合おう

❹ 野菜や果物、魚介類など他の食料品の産地はどんなところでしょうか。調べて考えたことを話し合いましょう。 話し合おう

❺ 単元の学習問題をつくりましょう。

米の主な産地は、どのようなところでしょうか

年　組　名前（　　　　　　　　　　　　　）

❶ 米の生産がさかんな都道府県の名前と収穫量を調べ、地図に色をぬりましょう。

	米の収穫量ベスト5
1 位	
2 位	
3 位	
4 位	
5 位	

（出典：国土地理院ウェブサイト）

❷ 米づくりがさかんな地域はどんな自然条件なのか考えて話し合いましょう。

話し合おう

．．．

．．．

．．．

．．．

チャレンジ 米づくりは、沖縄県から北海道まで全国各地で行われています。沖縄県のようにあたたかい地域、北海道のように寒い地域では稲作にどんな特色があるか、調べてみましょう。

あたたかい地域：
寒い地域：

47

野菜、果物、畜産の産地は、どのように広がっているのでしょうか

年　　組　名前（　　　　　　　　　　　　　　　）

❶ 日本の主な農産物の生産額の変化のグラフを読んで気付いたことをまとめましょう。

米	
畜産物	
野菜	
果物	
麦類	

❷ 都道府県別の生産額や生産量のグラフを見て、気付いたことをまとめましょう。

きゅうり	
みかん	
りんご	
もも	
肉牛	
乳牛	

❸ 野菜、果物、畜産がさかんな地域はどんな条件なのか考え、話し合いましょう。

話し合おう

野菜	
果物	
畜産	

米づくりのさかんな地域

学習計画	**8 時間**
おすすめ活動	**稲作体験**

単元計画

	主な学習活動と評価	本時の問い	ICT 活用例
①	庄内平野の鳥瞰写真から特徴をつかむ。【主体態】	稲作がさかんな平野に必要な条件は何でしょうか。	Jamboard に貼り付けた写真に付箋を貼る。
②	学習問題をつくり計画を立てる。【主体態】	稲作がさかんな平野の米づくりの学習問題をつくりましょう。	スプレッドシートで学習計画を書き出す。
③	農作業ごよみを読み取る活動から、稲作の1年間の様子を調べる。【知・技】	農家の人々は、米づくりをどのように進めているのでしょうか。	Google スライドを使って農作業の順番を正しく並べ替える。
④	水田や稲作方法の変化を読み取る活動から、生産性を高める工夫を調べる。【知・技】	米づくりの歴史を調べ、どのような工夫や努力をしてきたかまとめましょう。	写真や動画を見て、用水路や排水路の仕組みを理解する。
⑤	営農指導員や農業試験場、農協などの人々の働きから、関係機関との連携を捉える。【知・技】	おいしい米をつくるための工夫や努力を調べよう。	農協や農業試験場のホームページを使って調べる。
⑥	収穫された米の保存や流通の様子を調べる。【知・技】	米は、どのように消費者にとどけられるのでしょうか。	Google スライドで流通ルートを整理する。
⑦	日本の農業が抱える諸課題と解決方法を調べ、今後の農業の在り方を考える。【思・判・表】	これからの米づくりは、どのように進めていくとよいのでしょうか。	Jamboard を使って、課題と解決方法について話し合う。
⑧	米づくりのさかんな地域の人々の工夫や努力について考えたことをまとめる。【知・技】	米づくりにかかわる人々の工夫や努力についてまとめましょう。	スプレッドシートを使って調べ、わかったことをまとめる。

教材化のポイント

　この単元は、日本人の食の根幹であり主要な農業である米の生産についての知識を深め、生活とのかかわりについて考えていきます。AI によるスマート農業や減農薬など、つくり方について学習するのはもちろんのこと、農家を中心とする関係諸機関による協力によって、食味のよい品種を安定供給できている様子も捉えていくようにします。この中で、現在の農業が抱える課題と改善に向けた取り組みについて理解を深め、食文化と健康維持の両面から持続可能な生産に向けて、子どもの稲作に対する関心を高められるようにしていきたいところです。

テーマ深掘り・探究のポイント

・次のシーズンの準備。運送業や除雪、工場、スキー場で働く。冬野菜の栽培。

・1000万円近くしても仕事が楽で早く終わるから少ない人数で仕事ができる。

・人件費を減らす…機械化やICT化を進める。農薬を減らす…雑草を抜く。

・業務用米は安価で大量生産できるので、積極的に食べたり輸出したりする。

稲作がさかんな平野に必要な条件は何でしょうか

年　　組　名前（　　　　　　　　　　　　）

❶ 稲作がさかんな平野の写真や地図を見て、水田の様子や地形について気付いたことや考えたことを話し合いましょう。

話し合おう

水田の様子	地形

❷ 日本海側と太平洋側のまちの地形や気候を比べ、気付いたことを表にまとめましょう。

	月別降水量	月別平均気温	月別日照時間
日本海側			
太平洋側			

❸ 稲作がさかんな平野を一つ取り上げて、周りの自然の様子について調べ、まとめましょう。

平野の気候：
平野の地形：
中心部を流れる川：
その他の様子：

稲作がさかんな平野の
米づくりの学習問題をつくりましょう

年　　組　名前（　　　　　　　　　　　　　　）

❶ 稲作がさかんな地方と日本全体の水田の割合を比べて、気付いたことを話し合いましょう。

〔話し合おう〕

耕地における水田の割合	10a あたりの米の生産量

❷ 単元の学習問題をつくりましょう。

❸ どんなことを調べるとよいか整理しましょう。

農家の人々：

農家以外で米づくりの生産・販売に携わる人々：

流通にたずさわる人：

❹ どのように調べるとよいか相談して考えましょう。

農家の人々は、米づくりを
どのように進めているのでしょうか

年　　組　名前（　　　　　　　　　　　　　）

❶ 稲作の農作業ごよみを読んで、下の表にまとめましょう。

	農作業	気付いたこと
3月		
4月		
5月		
6月		
7月		
8月		
9月		
10月		

❷ 冬の間、稲作農家の人はどんなことをしているのでしょうか。調べてみましょう。

....

....

....

❸ 稲作農家は、どんな人と協力して米づくりを進めているのでしょうか。

....

....

チャレンジ

スマート農業と呼ばれるICTを活用した新しい技術について調べてみましょう。

....

....

....

52

米づくりの歴史を調べ、どのような工夫や努力をしてきたかまとめましょう

年　　組　名前（　　　　　　　　　　　　　　）

❶ 用水路と排水路の仕組みを図でまとめましょう。

❷ 米づくりの移り変わりについて調べ、気付いたことをまとめましょう。

	約60年前	現在
田おこし		
田植え		
稲かり		

❸ 耕地整理をすると、どうして米づくりの生産性が高まるのでしょうか。❶の用水路や排水路の整備も関連させながら、理由を考え話し合いましょう。　話し合おう

チャレンジ　農家の人たちは地域の人とお金を出し合って買っている農業の機械はいくらくらいするのかを調べ、どんな気持ちで購入しているのか考えてみましょう。

おいしい米をつくるための工夫や努力を調べよう

年　　組　名前（　　　　　　　　　　　　　）

❶ 米づくりを支える人たちはどんなことをしているのでしょうか。

営農指導員：
水田農業研究所の人：
農業協同組合の人：

❷ お店で売っている米の品種によるちがいについて表にまとめましょう。

品種名	特徴

❸ 水田農業研究所の人は、新しいお米をつくるために研究をしています。どんな研究をしているのか調べ、まとめましょう。

....
....
....

チャレンジ 新しい米の品種を研究するとしたら、どんな工夫を加えますか。❸でまとめたことをもとに話し合いましょう。 話し合おう

....
....
....

米は、どのように消費者に
とどけられるのでしょうか

年　組　名前（　　　　　　　　　　　　　）

❶ 収穫した米が消費者にとどくまでのみちのりをまとめましょう。

....

....

....

....

....

❷ 米が山形県で収穫されたとして、自分たちが住んでいるまちまでどのようにとどけられるのか、教科書や地図帳の交通の地図を使って輸送ルートを調べて考え、地図にまとめましょう。

（出典：国土地理院ウェブサイト）

🖐 チャレンジ　米づくりにかかる費用の割合のグラフをもとに、米の価格を下げる方法について考え、話し合いましょう。　話し合おう

....

....

これからの米づくりは、どのように進めていくとよいのでしょうか

年　　組　名前（　　　　　　　　　　　　　　　　　）

❶「生産調整」という言葉について調べ、その意味をまとめましょう。

....

....

....

....

❷ 農家の人たちは、農薬をまく量を減らしたり稲のもみがらを肥料にしてまいたりしています。このような取り組みはどんな効果があるのでしょうか。調べて考えてみましょう。

農薬をまく量を減らす：
稲のもみがらを肥料にする：

❸ 農業で働く人の変化を見ると、人数はだんだんと減り、高齢者が増えています。これから先も安定した米の生産を続けるために、どんな工夫が必要なのか考えましょう。

....

....

....

....

チャレンジ 米には、主食用に生産されるものと業務用に生産されるものがあります。どんなちがいがあるのか調べ、これからの米づくりのために2つの異なる米をどのように利用するとよいか話し合いましょう。 話し合おう

主食用と業務用のちがい：
これからの米づくりにどう利用するか：

水産業のさかんな地域

		学習計画	**7時間**
		おすすめ活動	**シミュレーション**

単元計画

	主な学習活動と評価	本時の問い	ICT 活用例
①	日本の水産業の特色について調べる中で単元の学習問題をつくる。【主体態】	食糧生産と水産業について考え、学習問題をつくりましょう。	Jamboard で日本の水産業について気付いたことを整理する。
②	長崎漁港で行われている漁業について調べ、沖合漁業の特長を捉える。【知・技】	水産業にかかわる人々は、どのようにして魚をとっているのでしょうか。	YouTube で巻き網漁業などの漁法について調べる。
③	長崎漁港で水揚げされた魚の流通について調べ、携わる人々の働きを捉える。【知・技】	漁港に水あげされた魚が食卓へとどくまでを調べよう。	スクールタクトを使って流通の流れをシミュレーションする。
④	長崎県の水産加工品の生産の様子について調べ、伝統の技術を捉える。【知・技】	漁港の周辺では、どのようにして水産加工品がつくられているのでしょうか。	水産加工食品のホームページを使って調べる。
⑤	長崎県のとらふぐの養殖を通して、つくり育てる漁業の仕組みを捉える。【知・技】	つくり育てる漁業は、どのように行われているのでしょうか。	Google スライドで養殖と栽培漁業をシミュレーションする。
⑥	日本の水産業と就業人口の変化から課題を捉え、改善に向けた取り組みを考える。【思・判・表】	日本の水産業にはどのような課題があるのでしょうか。	Jamboard で水産業の課題と解決方法を考え、まとめる。
⑦	水産業がさかんな地域の人々の工夫について調べたことをまとめる。【知・技】	長崎県の水産業にかかわる人々の工夫について振り返り、わかったことをまとめ交流しよう。	Google スライドで水産業の様子についてまとめ、交流する。

教材化のポイント

　この単元は、日本の水産業の様子を調べ、漁業がさかんな地域の漁法や働く人々の工夫について捉えていきます。また、200海里漁業水域の設定や人々の食生活の欧米化によって魚の消費量が大幅に減少し、漁業従事者人口も減少の一途をたどる中で、生活を支える魚への関心を高め、食生活を見つめ直すきっかけにしていきたいところです。単元の終わりには、学習した漁法や流通などの様々な工夫をふまえ、これからの我が国の水産業の在り方を見つめ直す時間も設定していくとよいでしょう。

テーマ深掘り・探究のポイント

・まきあみ漁では、魚群探知機で魚がたくさん集まっている場所を見付け、船でそこを一周してあみで囲み、一度に多くの魚をとれるようにしている。

・魚をメンチにしてカツやコロッケにする。魚をフレークにしていろいろなご飯やおにぎりで食べられるようにする。

・仕事がきつくて若い人からさけられている。外国人は日本の技術を学べるので今後、さらに増えると考えられる。

食糧生産と水産業について考え、学習問題をつくりましょう

年　　組　名前（　　　　　　　　　　　　　）

❶ 教科書などを参考にして、どこでどんな魚がとれるのか調べ、地図にまとめましょう。

［ヒント］
海の流れ「海流」も書いておくと、魚の動きがわかります。

（出典：国土地理院ウェブサイト）

❷ クラスのみんなが食べたことのある魚の種類を調べましょう。

....

....

....

❸ 単元の学習問題をつくりましょう。

❹ 魚の種類が豊富だったり、多くの魚がとれたりするのはどんなところですか。調べたことをもとに話し合いましょう。 話し合おう

....

....

....

水産業にかかわる人々は、どのようにして魚をとっているのでしょうか

年　　組　名前（　　　　　　　　　　　）

❶ 下の漁業の仕方について調べ、周りの人と交流しましょう。

遠洋漁業	
沖合漁業	
沿岸漁業	

❷ 魚のとり方には様々な種類があります。教科書を参考にして、どんな魚をどのようにとっているのかついて、図と言葉でまとめましょう。

❸ 教科書を読むかインタビューをして、漁をするときにどんなことが大変なのか調べましょう。

チャレンジ！　魚群探知機の仕組みについて調べ、漁師はそれを使ってどのように漁をしているのかについて調べたことを話し合いましょう。
話し合おう

漁港に水あげされた魚が
食卓へととどくまでを調べよう

年　　組　名前（　　　　　　　　　　　　　　）

❶ 漁港の写真や地図を見て、魚を水あげするためにどんな工夫があるか調べましょう。

……………………………………………………………………………………………………
……………………………………………………………………………………………………
……………………………………………………………………………………………………
……………………………………………………………………………………………………
……………………………………………………………………………………………………

❷ 漁港でとれた魚があなたの家にとどくまでの輸送ルートをまとめましょう。

```
漁港　→　トラック　→




                                              →　わたしの家
```

❸ 魚の価格の内わけのグラフを見て、魚が安くなるためにはどんなことが必要
かを考え、話し合いましょう。　話し合おう

……………………………………………………………………………………………………
……………………………………………………………………………………………………
……………………………………………………………………………………………………
……………………………………………………………………………………………………

チャレンジ！　日本の食卓では、魚ばなれが進んでいるといわれています。魚の好きな人を増やし、
たくさん食べてもらうにはどうしたらよいでしょうか。

……………………………………………………………………………………………………
……………………………………………………………………………………………………
……………………………………………………………………………………………………

漁港の周辺では、どのようにして水産加工品がつくられているのでしょうか

年　　組　名前（　　　　　　　　　　　）

❶ 水産加工品の工場はどのような場所にありますか。地図で調べてまとめましょう。

❷ かまぼこ工場では、どのようにかまぼこをつくっているのか教科書や動画などで調べましょう。

NHK for School
「かまぼこ工場」

［ヒント］イラストを使ってまとめるとわかりやすくなります。

チャレンジ　長崎は日本一かまぼこ屋さんが多いまちとして「長崎かんぼこ王国」という組織をつくり、協力してかまぼこを宣伝しています。どんな工夫をしてかまぼこを宣伝しているのか調べ、その効果について話し合いましょう。

話し合おう

つくり育てる漁業は、どのように行われているのでしょうか

年　　組　名前（　　　　　　　　　　　　）

❶ 養殖業とさいばい漁業の仕方について、イラストで描いてみましょう。

養殖業	
さいばい漁漁	

❷ 漁業の中で養殖が占める割合は、今後どのように変化していくと考えられますか。教科書などで調べたことをもとに話し合いましょう。

話し合おう

....
....
....
....

チャレンジ さいばい漁業では、種苗生産、種苗放流という言葉が聞かれます。どんな意味か調べ文章にまとめましょう。まとめたら、先生に Chat GPT で文章をつくってもらい、自分の文章と比べてみましょう。

....
....
....
....
....

日本の水産業には
どのような課題があるのでしょうか

年　　組　名前（　　　　　　　　　　　）

❶ 日本の水産物輸入量の変化のグラフを見て、気付いたことをまとめましょう。

....

....

....

❷ 日本の 200 海里経済水域はどのあたりまででしょうか。地図にかいてみましょう。

（出典：国土地理院ウェブサイト）

❸ 漁業別の生産量の変化のグラフを見て、気付いたことをまとめましょう。

....

....

....

....

チャレンジ 漁業で働く人数が減っていますが、外国人技能実習生は増えています。
この理由を調べ、今後、どのように変わっていくと考えられるか話し合い
ましょう。

話し合おう

....

....

....

これからの食料生産とわたしたち

学習計画	**4時間**
おすすめ活動	プレゼンテーション

単元計画

	主な学習活動と評価	本時の問い	ICT活用例
①	日本の食料品の輸入や自給率から課題を見付け、単元の学習問題をつくる。【主体態】	食料生産について話し合い、学習問題をつくりましょう。	Jamboardで食料生産に関する気付きを交流する。
②	洋食と和食の原材料と産地を調べ、食生活の変化と輸入との関係を捉える。【知・技】	食生活の変化は、食料自給にどのようなえいきょうをあたえているのでしょうか。	Jamboardで料理の原材料と産地を調べ付箋でまとめる。
③	食の安全を守るための工夫について調べ、工夫と課題を捉える。【知・技】	食の安全・安心に対する取り組みは、どのように行われているのでしょうか。	オクリンクで食品の安全についてスライドにまとめ交流する。
④	食料を安定供給するための工夫について調べ、工夫と課題を考え、まとめる。【思・判・表】	食料を安定して確保し続けるために大切なこと。 (これまで調べたことをもとに、これからの食料生産についてまとめましょう。)	オクリンクで単元の学習問題を振り返るスライドをつくる。

教材化のポイント

　この単元は、日本の食料生産が抱える課題を捉え、原因と対策について考えていきます。日本人の食生活の変化など、自分の生活にも関係していることに気付き、主体性をもって食料生産にかかわる問題について国や農林水産業者、販売店が行っている取り組みを調べていくようにしたいです。また、食品ロスなどの問題を通して一人一人の意識を変える必要があると気付き、課題の解決に向けて持続可能で発展的な食料生産の工夫を考えていくことができるようにすることが大切です。

テーマ深掘り・探究のポイント

・教科書にあるように、昔は米がとれなかった年に緊急輸入で外国から米を買い対応したので、それをまた行うことも考えられる。ただ、食味や安全性に課題があったことから、米は自給率がほぼ100％なので1年分保管しておくことも考えられる。

・給食の盛り付け残し。コンビニエンスストアで賞味期限切れのお弁当が出る。スーパーマーケットで賞味期限の食材が売れ残る。自分や家庭での食べ残しや賞味期限切れ。

・日本で育たない南国の果物や生息していない魚は外国産を買う。日本で安定して収穫されてとてもおいしい米や果物、野菜は国産を買う。

・人口が減るため、これまで自給率100％だった米が余り始める。そうなると、米を積極的に外国に輸出したり、水田を畑に変えて野菜の自給率を上げたりすることができる。

・地産地消は、食の安全・安心といった品質や輸送の費用や燃料の削減が目的だが、国消国産は、国内農業が衰退しないように国も国民もみんなで守ることが目的。

食料生産について話し合い、学習問題をつくりましょう

年　　組　名前（　　　　　　　　　　　　　　　）

❶ スーパーマーケットの商品だなにある外国産の食材にはどんなものがあるか調べましょう。

食材の名前	産地

❷ 食料自給率という言葉の意味を調べましょう。

....

....

....

❸ 主な食料の自給率のグラフを見て気付いたことをまとめ、日本の食料生産にはどんな特色があるのか話し合いましょう。　話し合おう

グラフを見て気付いたこと：

日本の食料生産の特色：

❹ 単元の学習問題をつくりましょう。

チャレンジ！　もし、日本のお米が全くとれない年があったら、どのように確保したらよいでしょうか。教科書やインターネットなどから過去の対策を調べ、考えてみましょう。

食料生産を安心・安全に行うために：
....

....

....

食生活の変化は、食料自給にどのようなえいきょうをあたえているのでしょうか

年　　組　名前（　　　　　　　　　　　　　）

❶ 教科書や給食のメニューから和食と洋食をそれぞれ一つずつ選び、その材料を調べましょう。

	和食	洋食
メニュー		
材料		

❷ 「食料品別の輸入量の変化」と「一人一日当たりの食べ物の割合の変化」のグラフを比べ、日本人の食生活の変化について考え、話し合いましょう。　話し合おう

食料品別の輸入量の変化	一人一日当たりの食べ物の割合の変化
2つのグラフの比較からわかる日本の食生活の変化	

❸ あなたは、普段の生活の中でどのようなときに「食品ロス」を感じていますか。考えたことを交流しまとめましょう。　話し合おう

....

....

....

....

食の安全・安心に対する取り組みは、どのように行われているのでしょうか

年　　組　名前（　　　　　　　　　　　　）

❶ 消費者が食の安心・安全への関心が高まっているのは、どんな事件や事故が起こっているからですか。聞いたことがあるものをまとめましょう。

....

....

....

....

❷ 食料品は、どのようにして消費者に産地を伝えていますか。それぞれ調べてみましょう。

商品についている表示	
スーパーの店内	
インターネット販売	

チャレンジ あなたなら、どんな食料品で輸入品を買いますか。また、国産品を買いますか。周りの人と買うものとその理由を話し合いましょう。 話し合おう

輸入品で買う商品	日本産で買う商品
理由：	理由：

話し合ってわかったこと：

食料を安定して確保し続けるために大切なこと

年　　組　名前（　　　　　　　　　　　　　）

❶ 50年以上前と今を比べて、農業人口の割合はどのように変わりましたか。また、田畑の面積はどのように変わりましたか。教科書や資料を使って調べましょう。

農業人口の割合：

田畑の面積：

❷ これから日本は、人口が減少していきます。食料生産の面でどのような問題や変化が起こりそうですか。予想したことを交流しましょう。

話し合おう

❸ これからの食料生産について調べたことをもとに、学習問題についての考えを文章でまとめましょう。

チャレンジ JAグループでは「国消国産」を合言葉にして様々な取り組みを進めています。この言葉が「地産地消」とはどのようにちがうのか調べ、これからの食料生産について考えましょう。

わたしたちの生活と食料生産 ［いかす］

新しい食料生産の工夫をしょうかいし合い、これからの食料生産について考えましょう

年　　組　名前（　　　　　　　　　　　　）

❶ 教科書などの資料をヒントにして、新しい食料生産の工夫について調べて交
流し、下の地図にふきだしで書きましょう。

※教科書にある新しい食料生産の工夫についてのキーワード
　「生産、加工、はん売を自分たちで」
　「えさを工夫して価値を高める」
　「持続可能な○業」
　「スマート農業」

（出典：国土地理院ウェブサイト）

❷ 自分で調べたり友達から聞いたりしたことをもとに、これからの食料生産について大切
だと考えたことをまとめましょう。

69

わたしたちの生活と工業生産

工業は、わたしたちの生活に、どのようにかかわっているのでしょうか

年　　組　名前（　　　　　　　　　　　）

❶ 身の回りの生活で使う工業製品を 10 こ書き出してみましょう。

例）タブレット

❷ 工業という言葉を下のイラストに説明を加えてまとめましょう。

石炭

大豆

❸ 次の工業製品の移り変わりについて調べ、イラストや言葉で表にまとめましょう。

製品の名前	1900 年	1950 年	2000 年　　　現在
せんたく機			
テレビ			
冷蔵庫			
気付いたこと:			

❹ これからの学習に向けてめあてをつくりましょう。

くらしを支える工業生産

	学習計画	**3 時間**
	おすすめ活動	仮想工業地帯巡り

単元計画

	主な学習活動と評価	本時の問い	ICT 活用例
①	身の回りにある工業製品を取り上げ、分類する中で工業の種類に気付く。工業製品の産地調べから、地域による特色について考える学習問題をつくる。【主体態】	身のまわりにある工業製品について話し合い、学習問題をつくりましょう。	日本でつくられている工業製品の産地をインターネットで調べ、Jamboard に貼り付けた日本地図に付箋で情報を位置付ける。
②	日本の工業生産額の割合の変化や大工場と中小工場の比較、工業地域の分布などの資料を読み取る活動から、特色をつかむ。【知・技】	工業がさかんな地域は、どのように広がっているのでしょうか。	Google マップに工業地域、工業地帯を位置付け、地域ごとの名前や生産額など特色をまとめる。
③	工業がさかんな地域の地理的環境について調べる中で、発展する条件について考え、表現する。【思・判・表】	日本の工業生産には、どのような特色があるのでしょうか。（日本の工業のさかんな地域の特色をまとめましょう。）	Google Earth を使って、各工業地域の鳥瞰写真やストリートビューを見て仮想工業地域めぐりをする。

教材化のポイント

　この単元は、我が国の工業生産の概要をつかむことから知識・技能の習得が中心となります。工業製品には繊維や伝統工芸品、食品工業など多様な種類があることを捉え、全国各地に工場が広がっていることに気付けるようにしていきましょう。ただ、調べ学習や知識の伝達ばかりにならないように、端末を使った協働学習や、Google Earth などを使って仮想旅行を楽しむなどして、工業が地理的条件や歴史的な要因をもとに、現在の日本各地の人々の生活を支えていることを実感できるようにしていくように工夫したいものです。

テーマ深掘り・探究のポイント

・機械工業が多くを占めることと中京工業地帯の中心が自動車であることを確認する。

・原料や燃料を輸入しやすく、また、生産した工業製品を輸出しやすいように海沿いにできる。また、原料や製品の輸送がしやすいように高速道路の近くにできる。

・昔は繊維工業が中心だったが、次第に機械工業がさかんになってきて、それに伴って生産額が増えてきた。繊維工業よりも機械工業の方が生産額は大きいことがわかる。

・日本の工場数のほとんどを中小工場が占めていて、働く人も多くが中小工場となっているのに、生産額は大工場の半分くらい。つまり、大工場の方が効率よく生産している。

・工業地域はどれも海沿いにあって、船が港に出入りできるところが多かった。つくった工業製品をすぐに輸送できるし、市街地から遠いので汚れた空気による人々の生活への影響ができるだけないようにしている。

身のまわりにある工業製品について話し合い、学習問題をつくりましょう

年　　組　名前（　　　　　　　　　）

❶ 教科書の例を中心に、身の回りにある工業製品を下の分類表に分けて整理しましょう。

工業の分類	身の回りの工業製品
機械工業	
金属工業	
化学工業	
食料品工業	
せんい工業	
そのほかの工業	

❷ 単元の学習問題をつくりましょう。

❸ 教科書を見て日本でつくられている工業製品の産地を調べ、みんなで協力して地図に位置付けていきましょう。

話し合おう

（出典：国土地理院ウェブサイト）

工業がさかんな地域は、どのように広がっているのでしょうか

年　　組　名前（　　　　　　　　　　　　　　）

❶ 工業生産のさかんな地域を地図に位置付け、工業地帯、工業地域の名前を書き入れましょう。

（出典：国土地理院ウェブサイト）

❷ 4つの工業地帯、工業地域の生産額とさかんな工業の種類を調べ、まとめましょう。

	生産額	さかんな工業
中京工業地帯		
阪神工業地帯		
関東内陸工業地域		
瀬戸内工業地域		

❸ 工業地帯や工業地域はどんな場所にできるのでしょうか。調べたり考えたりしたことをもとに話し合いましょう。　話し合おう

....

....

....

日本の工業生産には、どのような特色があるのでしょうか

年　　組　名前（　　　　　　　　　　　　　）

❶ 教科書などの資料を使って工業種類別の生産額の割合の変化のグラフを調べ、日本の工業がどのように変化してきたのかを考え話し合いましょう。

話し合おう

....

....

....

❷ 教科書にある大工場と中小工場の割合のグラフを比べて、それぞれの特徴をまとめましょう。

大工場	
中小工場	

❸ 日本の工業のさかんな地域の特色を下の地図にふきだしをつけてまとめましょう。

(出典：国土地理院ウェブサイト)

チャレンジ

ウェブの地図や写真で工業のさかんな地域について気付いたことをまとめましょう。

....

....

....

自動車をつくる工業

学習計画	**7**時間
おすすめ活動	バーチャル工場見学シミュレーション

単元計画

	主な学習活動と評価	本時の問い	ICT活用例
①	自動車工場の分布から特徴をつかむ。【主体態】	自動車は、どのような地域でつくられているのでしょうか。	Jamboardに貼り付けた地図に付箋を貼る。
②	自動車づくりの工夫について学習問題をつくり計画を立てる。【主体態】	自動車づくりの学習問題をつくり、学習計画を立てよう。	スプレッドシートで学習計画を書き出す。
③	自動車の生産工程を調べる中で、組み立て工場で働く人の工夫を捉える。【知・技】	自動車ができるまで―組み立て工場で働く人の仕事。	Googleスライドを使って自動車の生産工程を並べ替える。
④	部品が関連工場と協力している様子を調べ、原材料の流れや生産の工夫を捉える。【知・技】	自動車部品をつくる関連工場の仕事。	関連工場のホームページにある動画などの資料で調べる。
⑤	輸送相手国と各地の現地生産の工場について調べ、自動車会社の工夫を捉える。【知・技】	完成した自動車が消費者にとどくまで。	スクールタクトで日本の自動車の輸送ルートを書き出す。
⑥	これからの自動車に求められ性能について考える。【知・技】	新しい自動車が生み出されるまで。	オクリンクで未来の自動車について交流。
⑦	学習を振り返って日本の自動車づくりについて考え、新聞にまとめる。【思・判・表】	これまでの学習をふり返り、日本の自動車づくりのよさをまとめましょう。	ドキュメントの共同編集機を使ってグループで新聞をつくる。

教材化のポイント

　この単元は、自動車の生産について調べ、高品質で安定した生産を可能にするための工夫について捉えていきます。組み立て工場はもちろんのこと、全国各地に点在する関連工場についても調べていくようにします。関連工場が中小規模であっても、優れた技術をもっていてそこから集められる各部品によって、1台の自動車ができている様子を理解させていきたいところです。また、EVや水素などの新しいエネルギーを用いた自動車を開発したり、海外に現地工場を構えて販売を拡大したりして工夫し続けていることを学べるようにしましょう。

テーマ深掘り・探究のポイント

・工場は畑や道路の区画何個分もの広さで、多くの生産する建物が並んでいる。

・世界中に車を売るため、大量生産しなくてはならない。組み立て工場にしかない機械や人の技術がある。働く人は交代で夜働いたときに手当てがもらえると嬉しい。

・工場を分けることで、多くの地域で部品ができるので災害が起こっても生産できる。

・空気や水がきれいな環境で、長年その工場で働く人にしかできない部品をつくる技術がある。それを大きな工場に移して機械でつくることは簡単ではない。

自動車は、どのような地域でつくられているのでしょうか

年　　組　名前（　　　　　　　　　　　　　）

❶ 日本の工業種類別の生産額のわりあいを表にまとめましょう。

わりあい	機械工業	化学工業	金属工業	食料品工業	せんい工業	その他
(%)						

❷ 機械工業の半分近くをしめている、「輸送用機械」とはどんなものですか。考えられるものをすべて書き出しましょう。

....

....

....

....

❸ 日本の自動車の移り変わりについて調べましょう。

年	1930 年ころ	1960 年ころ	1990 年	現在
乗用車の生産台数				
人口				
乗用車のふきゅう率				
気付いたこと				

❹ 日本の自動車会社の本社工場はどんなところにありますか。調べましょう。

自動車会社	トヨタ	ホンダ	日産
本社のある都道府県・都市			
工場を置く場所の特徴			
気付いたこと			

自動車づくりの学習問題をつくり、学習計画を立てよう

年　　組　名前（　　　　　　　　　　　　）

❶ 自動車会社の本社工場について、教科書に写真や地図帳、ウェブの地図で
調べ、大きさや様子について気付いたことを交流しましょう。

話し合おう

....
....
....
....

❷ 1台の自動車にはどんな部品があるのでしょうか。調べてみましょう。

....
....
....
....

❸ 単元の学習問題をつくりましょう。

❹ どんなことを調べるとよいか疑問を書き出し、その予想をしましょう。

自動車組み立て工場について：
関連工場について：
完成した自動車の運ばれ方：
新しい自動車の開発：

自動車ができるまで
―組み立て工場で働く人の仕事―

年　　組　名前（　　　　　　　　　　　）

❶ 自動車ができるまでの流れについて、教科書や動画を使って調べましょう。

① プレス	
② ようせつ	
③ とそう	
④ 組み立て	
⑤ 検査	

トヨタ
バーチャル
工場見学

❷ 自動車づくりの工夫について調べ、言葉と意味をまとめましょう。

言葉	説明
アンドン	
かんばん	

チャレンジ! 工場では、どうして日中と夜で交代して働き、ずっと車をつくり続けるのでしょうか。会社のねらいや働く人の気持ちを考え、話し合いましょう。 話し合おう

....

....

....

....

自動車部品をつくる関連工場の仕事

年　　組　名前（　　　　　　　　　　　　　　　）

❶ 車の部品工場について、一つ取り上げどのようにつくっているのか調べましょう。

....

....

....

....

トヨタ自動車
北海道株式会社
「バーチャル
ファクトリーツアー」

❷ 部品をつくる関連工場と小さくて細かな部品をつくる関連工場では、どんなちがいがあるのでしょうか。つくるものの種類や工場の場所、中の様子について調べましょう。

	つくるもの	工場の場所や中の様子
大きな部品をつくる関連工場		
小さな部品をつくる関連工場		

❸ どうして組み立て工場と部品工場を分けているのでしょうか。調べたことをもとに考え、話し合いましょう。

話し合おう

....

....

....

....

チャレンジ 部品の中には、小さな町の小さな工場でつくっているものもあります。こうした小さな工場でできることは何でしょうか。調べて考えましょう。

....

....

....

完成した自動車が消費者にとどくまで

年　　組　名前（　　　　　　　　　　　　　　）

❶ 日本で生産された自動車が外国にとどくには、トラックや船など、様々な輸送手段を使います。どのように積まれているのかとか、どのくらいの時間がかかるのかなど、輸送の様子について調べたことを交流しましょう。

....

....

....

....

❷ 自動車会社の製品の輸出先と現地工場がある国を調べて、地図に書き込みましょう。

(出典：ジャストシステム)

❸ 日本の自動車の海外生産台数が年々増えているのはなぜでしょうか。現地国の工場や販売店の様子について調べたことをもとに、自動車会社と現地の工場・販売店のそれぞれの立場から理由を考えて話し合いましょう。

自動車会社	現地の国

80

新しい自動車が生み出されるまで

年　　組　名前（　　　　　　　　　　　　）

❶ 自動車の移り変わりについて、イラストを描いたり特徴を調べたりしてまとめましょう。

年	1930 年ころ	1960 年ころ	1990 年	現在
車の名称やデザイン（イラスト）				
当時のクルマにあった特徴				

❷ 人々の願いに合わせて新しい自動車にはどんな工夫が加えられているのかについて、調べたことや考えたことを話し合いましょう。

話し合おう

ガソリン消費を減らす願い

様々な人が乗車しやすくする願い

少ない運転技術で動く願い

安全性を高めたい願い

チャレンジ あなたが将来、自動車会社で自動車開発をするならどうしますか。こんなことがあるといいなというデザインや性能などを考え、イラスト入りでまとめましょう。

工業生産を支える運輸と貿易

学習計画	**5 時間**
おすすめ活動	**シミュレーション**

単元計画

	主な学習活動と評価	本時の問い	ICT 活用例
①	工業製品の輸送手段や貿易額について調べる中で単元の学習問題をつくる。【主体態】	日本の運輸や貿易について話し合い、学習問題をつくりましょう。	港や空港での貨物輸送について YouTube 動画を見る。
②	日本の主な交通網の広がりについて調べ、運輸の様子を捉える。【知・技】	工場でつくられた工業製品は、どのように運ばれているのでしょうか。	スクールタクトで運輸の流れをシミュレーションする。
③	日本の輸入にかかわる資料を読み取る活動から、輸入の特色と変化を捉える。【知・技】	日本は、どこから、どのようなものを輸入しているのでしょうか。	Jamboard で輸入についての気付きを交流し特色をつかむ。
④	日本の輸出にかかわる資料を読み取る活動から、輸出の特色と変化を捉える。【知・技】	日本は、どこへ、どのようなものを輸出しているのでしょうか。	Jamboard で輸出についての気付きを交流し特色をつかむ。
⑤	日本が原料や資源の輸入が多い中で行っている工夫を調べるとともに、運輸や貿易の現状をふまえ課題解決について考える。【思・判・表】	運輸や貿易が、日本の工業製品に果たす役割についてまとめましょう。（資源を多く輸入している日本では、これからのためにどのような取り組みが進められているのでしょうか。）	オクリンクでキャッチフレーズのカードを作成し、交流する。

教材化のポイント

　この単元は、輸送の仕組みや貿易の様子を調べ、工業生産を支える運輸の働きについて理解を深めていきます。資料を読み取る活動が多いですが、子どもの読み取る力を育てることは難しいことから、その方法を具体的に指導することが大切になってきます。また、網羅的な学習に留まらないようにするために、輸送の効率化を図っていくためにどうするべきかとか、原料や資源の少ない日本が工業を発展させていくためにはどのような工夫が必要かなどについて考える活動を取り入れて、これからの貿易の在り方を検討できるようにしてくことが大切です。

テーマ深掘り・探究のポイント

・ほとんどの輸送にトラックが一度は使われている。遠くから運ぶ工業製品は、貨物船が使われている。トラックと高速道路と貨物船は多くの輸送で使われている。

・自動車輸送は線路の減った貨物輸送に比べてどこにでも輸送ができる。しかし、今の状況を考えると、貨物輸送が可能なところまでは利用し、そこから自動車輸送を使うなど2つを組み合わせる必要がある。

・日本の優れた生産技術を外国に広めることで、日本だけでなく外国の産業も発展させることができる。これによって、日本の輸出額ばかりが高くなるのを防ぐ。

・家庭に太陽光パネルをつけて家電を動かしている。太陽光パネルが電卓だけでなくラジオや道路の街灯や標識の明かりまで、多くの機械に用いられている。

日本の運輸や貿易について話し合い、学習問題をつくりましょう

年　　組　名前（　　　　　　　　　　　　　　　　）

❶ 輸送機関の写真を見て、それぞれがどんな工業製品を運んでいるか考えてみましょう。

トラック
‥‥‥‥‥‥‥‥‥‥‥‥‥‥‥‥‥‥‥‥‥
‥‥‥‥‥‥‥‥‥‥‥‥‥‥‥‥‥‥‥‥‥
‥‥‥‥‥‥‥‥‥‥‥‥‥‥‥‥‥‥‥‥‥
‥‥‥‥‥‥‥‥‥‥‥‥‥‥‥‥‥‥‥‥‥
‥‥‥‥‥‥‥‥‥‥‥‥‥‥‥‥‥‥‥‥‥

貨物列車
‥‥‥‥‥‥‥‥‥‥‥‥‥‥‥‥‥‥‥‥‥
‥‥‥‥‥‥‥‥‥‥‥‥‥‥‥‥‥‥‥‥‥
‥‥‥‥‥‥‥‥‥‥‥‥‥‥‥‥‥‥‥‥‥
‥‥‥‥‥‥‥‥‥‥‥‥‥‥‥‥‥‥‥‥‥
‥‥‥‥‥‥‥‥‥‥‥‥‥‥‥‥‥‥‥‥‥

貨物船
‥‥‥‥‥‥‥‥‥‥‥‥‥‥‥‥‥‥‥‥‥
‥‥‥‥‥‥‥‥‥‥‥‥‥‥‥‥‥‥‥‥‥
‥‥‥‥‥‥‥‥‥‥‥‥‥‥‥‥‥‥‥‥‥
‥‥‥‥‥‥‥‥‥‥‥‥‥‥‥‥‥‥‥‥‥

航空機
‥‥‥‥‥‥‥‥‥‥‥‥‥‥‥‥‥‥‥‥‥
‥‥‥‥‥‥‥‥‥‥‥‥‥‥‥‥‥‥‥‥‥
‥‥‥‥‥‥‥‥‥‥‥‥‥‥‥‥‥‥‥‥‥
‥‥‥‥‥‥‥‥‥‥‥‥‥‥‥‥‥‥‥‥‥

❷ 主な港や空港の貿易額のグラフを見て、貨物船や航空機の輸送や貿易にはどんな特徴があるのかを考え、話し合いましょう。

話し合おう

貨物船	
航空機	

❸ 単元の学習問題をつくりましょう。

工場でつくられた工業製品は、どのように運ばれているのでしょうか

年　　組　名前（　　　　　　　　　　　　　）

❶ 例えば、カップラーメンのように、日本の工業製品を自分の住んでいるまちまで運ぶとどんな輸送ルートをたどるでしょうか。下のわくに矢印を使って書いてみましょう。

> 工業製品の名前：
>
> 　つくられた場所　→
>
>
>
>
>
> 　　　　　　　　　　　　　　　　　　　→　　自分が住んでいるまち

❷ みんなが書いた輸送ルートを交流して、気付いたことをまとめましょう。

....

....

....

....

❸ ❷の輸送ルートを日本の首都圏に運ぶとすると、交通網はどのように整備されているのでしょうか。教科書や地図帳などの資料を使って考えましょう。

....

....

....

....

チャレンジ 貨物輸送の変化のグラフを見ると自動車輸送が増えていますが、ここ数年の運転手不足で鉄道輸送も増えてきているようです。それぞれのメリットとデメリットについて話し合い、これからどうしていくとよいか考えましょう。

話し合おう

....

....

....

....

日本は、どこから、どのようなものを輸入しているのでしょうか

年　　組　名前（　　　　　　　　　　　　　）

❶ 日本は、どこの国から、どのようなものを輸入しているのでしょうか。教科書などの資料やタブレットを使って国の位置や輸入量などを調べてまとめましょう。

石油	
石炭	
鉄鉱石	
半導体	
希少金属	

❷ 日本が使う原材料や資源のうち、ほとんどを輸入しているのはどんなものでしょうか。また、国内でとれるものにはどんなものがあるのでしょうか。

ほとんど輸入しているもの：

国内でとれるもの：

❸ 昭和、平成、令和と時代が変わる中で、輸入品や輸入額はどのように変化してきたのでしょうか。グラフをもとに一人一項目について調べ、話し合いましょう。 話し合おう

....

....

....

....

日本は、どこへ、どのようなものを輸出しているのでしょうか

年　　組　名前（　　　　　　　　　　　　　　）

❶ 日本の輸出品目に多い機械類や鉄鋼、せんい品とは具体的にどんなものをつくっているのでしょうか。タブレットで調べてみましょう。

機械類	
鉄鋼	
せんい品	

❷ 資料やタブレットを使って次の輸出品の主な相手国を調べましょう。

自動車	
食料加工品	
集積回路（IC）	

❸ 昭和、平成、令和と時代が変わる中で、輸出品や輸出額はどのように変化してきたのでしょうか。教科書のグラフをもとに話し合いましょう。 話し合おう

・・
・・
・・
・・

チャレンジ 1990年以降、海外進出する日本企業が増え続けているのはどうしてでしょうか。これまでの輸入や輸出の移り変わりをもとに考え、話し合いましょう。 話し合おう

・・
・・

運輸や貿易が、日本の工業製品に果たす役割についてまとめましょう

年　　組　名前（　　　　　　　　　　　　　　　）

❶ 石油や石炭などの燃料の多くを輸入していますが、使用料を減らすために代わりのエネルギーをどのように得ているでしょうか。調べたり考えたりしたことをまとめましょう。

………………………………………………………………………………………………………
………………………………………………………………………………………………………
………………………………………………………………………………………………………
………………………………………………………………………………………………………
………………………………………………………………………………………………………

❷ 再生可能エネルギーはどのようなところで使われているでしょうか。タブレットを使って調べてみましょう。

………………………………………………………………………………………………………
………………………………………………………………………………………………………
………………………………………………………………………………………………………
………………………………………………………………………………………………………
………………………………………………………………………………………………………

❸ 運輸や貿易が、日本の工業生産をどのように支えているのかを考え、キャッチフレーズでまとめましょう。

キャッチフレーズ　「　　　　　　　　　　　　　　　　　　　　　　　　　　　　　　　」

キャッチフレーズに込めた思い：

………………………………………………………………………………………………………
………………………………………………………………………………………………………
………………………………………………………………………………………………………

❹ つくったキャッチフレーズを交流して、わかったことや考えたことをまとめましょう。

話し合おう

………………………………………………………………………………………………………
………………………………………………………………………………………………………
………………………………………………………………………………………………………
………………………………………………………………………………………………………
………………………………………………………………………………………………………

これからの工業生産とわたしたち

	学習計画	**4時間**
	おすすめ活動	**プレゼンテーション**

単元計画

	主な学習活動と評価	本時の問い	ICT活用例
①	大工場、中小工場の違いについて調べる中で単元の学習問題をつくる。【主体態】	日本の工業生産の課題について話し合い、学習問題をつくりましょう。	Jamboardで工業生産に関する気付きを交流する。
②	伝統的な工業について調べ、北陸地方の地場産業の広がりについて捉える。【知・技】	昔から伝わる技術をどのように工業生産に生かしているのでしょうか。	Googleスライドで伝統工場の生産工程についてまとめる。
③	中小工場による伝統工業について調べ、優れた技術と継承について捉える。【知・技】	ものづくりのまち大田区がほこる技術は何でしょうか。	伝統工場の生産の様子についてYouTube動画で調べる。
④	製造業の就業人口や企業数の変化について調べ、日本の工業の課題を捉える。【思・判・表】	日本の工業生産の新しい取り組み。（優れた技術を生かす日本の工業生産についてまとめましょう。）	Jamboardで工業生産の課題についての考えを交流する。

教材化のポイント

　この単元は、日本の工業生産の課題について調べる中で、中小工場がもつ優れた伝統技術の価値に気付くことができるようにします。高度な技術や伝統技術を生かした工業によって、国民の生活が支えられていることを考えていけるようにしましょう。単元を通して、日本の工業生産の課題の解決に向けた様々な取り組みについて調べる中で、産業の保護や人材育成、外国とのかかわりによって持続可能な工業生産に必要や視点を見出し、工夫や努力について考えていくようにすることが大切です。

テーマ深掘り・探究のポイント

・製造業で働く人が減ったことで、工業製品の生産量が減少した。この分を取り戻すために海外に現地工場を立てて、外国の人が生産してその製品を輸入することで貿易摩擦を減らすことにつながった。

・雪が多くて農作物ができない時期の仕事として、織物や金、漆器などの伝統工芸品づくりが始まった。特に金箔は、湿度が高いことでとてもつくりやすい環境だった。

・北陸には北海道から昆布が運ばれ、北陸からは米や農産物、工芸品が日本海を行き来して大阪や江戸に運ばれていった。

・ねじなどの金属部品やモーター、ロボットなどの小規模の機械。

・取り上げる教材例…自動車整備工場やものづくりの工場を取り上げ、少人数で受け継がれてきた技術が地域で評判になっている様子を捉えさせるようにする。

・世界の工業生産に占める情報通信産業の割合は年々上昇しており、2020年には約10.7%を占めるに至っているため、この10年でさらに増えることが予想されている。

日本の工業生産の課題について話し合い、学習問題をつくりましょう

年　　組　名前（　　　　　　　　　　　　　　）

❶ 日本の工業生産は、30年ほどで働く人が減るとともに、お店では海外でつくられた日本企業の製品が売られるようになりました。この二つにはどんな関係があって、何が課題なのでしょうか。調べたことをもとに話し合いましょう。 話し合おう

....

....

....

....

❷ 大工場と中小工場にはどんなちがいがあるのでしょうか。教科書のグラフを比べましょう。

大工場	中小工場

❸ 単元の学習問題をつくりましょう。

❹ 中小工場にあるといわれる優れた技術からどんな工業製品がつくられているのでしょうか。伝統技術や高度な技術によってつくられる工業製品を調べましょう。

伝統技術でつくられる工業製品	高度な技術でつくられる工業製品

昔から伝わる技術をどのように
工業生産に生かしているのでしょう

年　　組　名前（　　　　　　　　　　　　　）

❶ 福井県鯖江市でのめがねづくりの工夫についてまとめましょう。

....

....

....

....

....

....

....

❷ 北陸で伝統的な工業がさかんなのは大雪と関係があるといわれています。どうして北陸
　では伝統的な工業がさかんになったのか理由を考え、話し合いましょう。

話し合おう

....

....

....

....

チャレンジ!
　　　北陸でつくられた伝統工芸品を運んだ北前船はどんなものをどのようなルートで運ん
　　　でいたか調べてみましょう。

....

....

....

....

❸ 日本各地の伝統を生かした工業製品について調べましょう。

　伝統を生かした工業製品：

　調べたこと：

....

....

....

ものづくりのまち大田区がほこる技術は何でしょう

年　　組　名前（　　　　　　　　　　　　）

❶ 大工場ではつくっていない、中小工場ならではの工業製品にはどんなものがあるでしょうか。調べたり考えたりして話し合いましょう。

話し合おう

....
....
....

❷ 東京都大田区にある中小工場では、金属工業の技術が有名で外国から注文がくるほどです。どんな工業製品をつくっているのか大田区のホームページなどから調べてみましょう。

「大田区の
ものづくりについて
知りたい」

....
....
....

❸ 大田区の中小工場で行われている「仲間まわし」の仕組みを図と言葉でまとめましょう。

チャレンジ あなたのまちにはどんな中小工場があってどんな優れた技術がありますか。おうちの人や地域の人に聞いて調べてみましょう。

....
....
....
....

日本の工業生産の新しい取り組み

年　　組　名前（　　　　　　　　　　　）

❶ 新しく生み出された工業製品や工業生産の仕方について、教科書を参考にしてタブレットで調べてみましょう。

....
....
....
....
....

❷ 日本は起業する人が少ないといわれていますが、あなたならどんな会社をつくりますか。

....
....
....
....
....

❸ 世界における日本のGDP（国内総生産）は2023年に3位から4位になりました。どうして転落したのでしょうか。調べて理由を話し合いましょう。

話し合おう

....
....
....
....
....

❹ 世界の工業製品に占める情報通信産業の割合について調べ、10年後にはどうなっているのか考えてみましょう。

....
....
....
....
....

わたしたちは、どのような情報とかかわっているのでしょうか

年　　組　名前（　　　　　　　　　　　　　　）

❶ くらしの中で、いつ、どこで、どんな情報を目にしますか。教科書をヒントにして家の中だけでなく、外出先についても考えてみて、話し合いましょう。

話し合おう

場所	情報を手にするツールと情報の内容
家の中	

❷ わたしたちは、様々なマスメディアとどのようにかかわっているのでしょうか。自分の家や友達の家についてインタビューしたり教科書を調べたりして、特徴を整理しましょう。

マスメディア	特徴	○よいところ	△よくないところ
テレビ			
ラジオ			
新聞			
ざっし			
インターネット			

❸ これからの学習に向けてめあてをつくりましょう。

....

....

....

4 情報化した社会と産業の発展

情報産業とわたしたちのくらし

	学習計画	**6時間**
	おすすめ活動	**シミュレーション**

単元計画

	主な学習活動と評価	本時の問い	ICT活用例
①	新聞のテレビ欄やニュース番組の動画視聴から、情報番組の内容を理解する。【知・技】	ニュース番組の主な情報は何でしょうか。	ニュース番組の動画を視聴し、情報の内容を書き出す。
②	ニュース制作に向けた取り組みについて予想を立て、調べる内容を整理する。【主体態】	放送局について学習問題をつくり、学習計画を立てましょう。	Google Jamboard で放送局の仕事や学習計画を整理する。
③	放送局がニュース番組を作るための情報収集の取り組みについて調べる。【知・技】	放送局で1本のニュース番組ができるまでの手順を調べてみよう。	インターネットを使って、放送局の取材の様子を調べる。
④	放送局が集めた情報を編集しニュース番組を作る取り組みについて調べる。【知・技】	放送局では、情報をどのようにまとめ、ニュース番組にしているのでしょうか。	インターネットを使って、放送局の編集の様子を調べる。
⑤	テレビ放送による情報の内容を整理し、受け手側の影響について考える。【思・判・表】	テレビ放送の情報には、どのようなえいきょうがあるのでしょうか。	新聞のテレビ欄と番組動画から放送内容をつかむ。
⑥	放送局が情報をとどける様子を整理し、受け手のかかわり方について考える。【思・判・表】	放送局で働く人々がわたしたちに情報をとどけるまでの働きについてまとめ、話し合いましょう。	Google スライドで放送局の情報発信と活用についてまとめる。

教材化のポイント

　この単元は、マスメディアによる情報収集と編集、発信の取り組みについて調べ、報道がもたらす影響について考えていきます。地域や国内、海外のニュースがどのようなニーズをもとにつくられ、報道することにどんな意味があるかも考えさせたいところです。取材から報道までの様子を調べる中で、マスメディアには客観性や確実性が求められていること、不特定多数の受け手側に与えていることなどについて考えられるようにしていきましょう。また、受け手として発信側の意図や情報の正しさを求めようとする「情報を見る目」を育てることも大切です。

テーマ深掘り・探究のポイント

・大きな事件や事故、戦争が起こって悲惨さを伝える情報。外国の政治や経済の動きによって日本への影響が考えられる情報。

・取材先が明らかでなく、放送局としてどんなことを視聴者に伝えたいのかを考えていないため無責任。視聴者からの質問に答えることができない。

・視聴者に伝えたい情報を理解してもらえるようにゆっくり顔を上げて話す。

・伝えたい商品の名前と魅力を短い言葉と大げさなリアクションや大きな絵を使って伝える。印象に残る音楽をかけたり、キャッチフレーズをつくったりする。

ニュース番組の主な情報は何でしょうか

年　　組　名前（　　　　　　　　　　　　　）

❶ 新聞のテレビ欄を貼り付け、どんな番組が放送されているか調べてみましょう。

```
テレビ欄を貼り付ける
```

放送されている内容（ニュース、教養、娯楽などジャンルをまとめる）

....

....

....

❷ テレビは、インターネットやラジオとどんなちがいがあるのでしょうか。それぞれが報道している情報の特徴と比べて考えましょう。

ラジオ	インターネット

テレビの特徴：

❸ テレビで最も放送回数が多いのがニュース番組です。それはなぜですか。

....

....

....

チャレンジ ニュース番組では、世界各地の様子を伝えています。番組内容を調べ、日本人にとってどんな情報が必要かを考えてみましょう。

....

....

....

放送局について学習問題をつくり、学習計画を立てましょう

年　　組　名前（　　　　　　　　　　　　　）

❶ ニュース番組がどのように放送されているかを考え、疑問に思ったことを交流しましょう。

話し合おう

....
....
....

❷ 単元の学習問題をつくりましょう。

| |
| |
| |

❸ ニュース番組がつくられ、放送されるまでの仕事の流れを予想してみましょう。

....
....
....
....

❹ テレビ局の人たちは、ニュース番組の情報をどのように手に入れているでしょうか。映像を見たりインターネット検索したりして調べましょう。

話し合おう

ニュース	取材の仕方・情報の入手ルート
地域のニュース	
日本のニュース	
世界のニュース	

❺ 単元で調べたことをどのようにまとめるか確認しましょう。

....
....
....

放送局で1本のニュース番組が できるまでの手順を調べてみよう

年　　組　名前（　　　　　　　　　　　　　　）

❶ 1本のニュース番組ができるまでの情報の集め方を調べましょう。

① 情報収集	
② 編集会議	
③ 取材	
④ 原こう作成	
⑤ 映像の編集	
⑥ 放送	

❷ 編集長は、ニュース番組をつくるときにどんな工夫をしているのでしょうか。 教科書やタブレット、動画で調べてみましょう。

....

....

....

....

....

NHK for School
「ニュース」

チャレンジ 取材が大変で手間を省くためにある編集長がインターネットの情報をそのままニュー スにしたら視聴者からたくさんの意見が来ました。どんな問題があるのでしょうか。

....

....

....

放送局では、情報をどのようにまとめ、ニュース番組にしているのでしょうか

年　　組　名前（　　　　　　　　　　　）

❶ 映像の編集やアナウンサーが原こうを確認する仕事の様子について調べ、どのようなことに気をつけているのか考え、話し合いましょう。　**話し合おう**

映像の編集：

………………………………………………………………………………………………

………………………………………………………………………………………………

アナウンサーの原こうの確認：

………………………………………………………………………………………………

………………………………………………………………………………………………

………………………………………………………………………………………………

❷ どんな時に番組中に速報のテロップを出しているのでしょうか。資料で調べたりこれまで見たりしてきたことをもとに考えましょう。

………………………………………………………………………………………………

………………………………………………………………………………………………

………………………………………………………………………………………………

❸ 編集長が考えた番組表が臨時ニュースで変わってしまい時間がぴったりいかなくなったら、どんな工夫をして調整しているのでしょうか。教科書に書いている編集長の話や番組進行表から調べましょう。

………………………………………………………………………………………………

………………………………………………………………………………………………

………………………………………………………………………………………………

………………………………………………………………………………………………

チャレンジ アナウンサー体験をしてみましょう。ニュース報道の原こうを読んで、どのようなところが大切なのか考えてみましょう。

………………………………………………………………………………………………

………………………………………………………………………………………………

………………………………………………………………………………………………

………………………………………………………………………………………………

テレビ放送の情報には、どのような えいきょうがあるのでしょうか

年　　組　名前（　　　　　　　　　　　　）

❶ 1時間目に見たテレビ欄を見直してみて、自分や家族はどんな情報を得てどのように生かしているか、インタビューなどをして調べてみましょう。

家族	自分

❷ 報道被害にはどんな問題があるのでしょうか。調べて考えてみましょう。

....

....

....

....

❸ 編集長の話から、情報を伝えるときはどんなことに気をつけることが大切なのか考え、話し合いましょう。

話し合おう

....

....

....

....

チャレンジ！ あなたがCMをつくるとしたらどんな商品をどのようにPRしますか。スライドにして紹介しましょう。

....

....

....

情報を生かす産業

単元計画

	主な学習活動と評価	本時の問い	ICT活用例
①	くらしの中で情報活用場面を想起し、情報の種類や活用目的に関する単元の学習問題をつくる。【主体態】	くらしを支える情報の生かし方で学習問題をつくりましょう。	Google Jamboard で情報活用場面を交流する。
②	コンビニエンスストアのレジの仕組みを調べ、販売方法への効果について調べる。【知・技】	コンビニエンスストアでは、情報をどのように活用しているのでしょうか。	Google Forms でアンケートを取り、人気の商品が一目でわかる様子を体験する。
③	ウェブの地図でコンビニエンスストアの効率的な配送の仕方について調べる。【知・技】	商品を運ぶ仕事に情報をどのように活用しているでしょうか。	Google マップでコンビニエンスストアの配送ルートを考える。
④	コンビニエンスストアにおけるICT活用事例から、できるようになったこととその効果について調べる。【知・技】	はん売の仕事では、情報通信技術を活用し、サービスをどう広げているのでしょうか。	インターネットを使って、コンビニエンスストアでできるICT活用の様子を調べる。
⑤	コンビニエンスストアの情報活用の様子について関係図にまとめる。【思・判・表】	はん売の仕事をするコンビニエンスストアでの情報活用についてまとめましょう。	Google スライドで情報活用の様子を関係図に表す。

教材化のポイント

　この単元は、情報を生かし発展させている産業の様子について調べ、情報通信技術の活用による効果について考えていきます。コンビニエンスストアや農業、公共交通、医療などの中から身近な生活で情報通信技術の活用の広がっている様子を捉えさせていきます。また、産業構造の変化や人口減少といった社会の変化に対応するために、情報通信技術を活用して様々な工夫をしていることをふまえ、産業の受け手としてのかかわり方について、考えを深めていくことが大切になります。

テーマ深掘り・探究のポイント

・コンビニエンスストアで公共料金が支払えたりお金をおろしたりできず、時間や手間が増える。

・性別や年齢ごとにどんな商品が人気かの情報を集め、特に人気のものはさらに仕入れを増やすことができる。購入数の多いものは新しい種類の商品を開発することができる。

・近くにあるトラックで協力するようにお願いし、早く配送を終えるようにする。

・コンビニエンスストアは「近くで便利」なお店を目指しているから、地域の人々を支えていくことが会社としてのお客さんから信用を高め、売り上げにつながる。

・お店に並んでいる商品を買うだけでなく、コピーやお金をおろす、チケットを買う、公共料金を払うなど、行く目的が広がった。

くらしを支える情報の生かし方で
学習問題をつくりましょう

年　　組　名前（　　　　　　　　　　　　　）

❶ 駅の改札や医療現場、介護などくらしの多くの場面で情報が活用されています。どこで、どのように情報が使われているかを考え、交流しましょう。
　［ヒント］人工知能やスマートフォンを使っているのはどこか考えてみましょう。　話し合おう

....
....
....
....
....
....
....
....
....

❷ コンビニエンスストアでは、どのような場面で情報を使っているのか考えてみましょう。

....
....
....
....

❸ 単元の学習問題をつくりましょう。

❹ コンビニエンスストアの情報が使われていなかったら、今ごろどんなお店になっているかを考えてみて、情報を使うことでどのようなサービスが広がったか予想してみましょう。

....
....
....
....

コンビニエンスストアでは、情報をどのように活用しているのでしょうか

年　　組　名前（　　　　　　　　　　　）

❶ コンビニエンスストアにある POS システムについて調べ、図にまとめましょう。
　［ヒント］実際にお店で見せてもらったり端末を使って体験してみたりするとよりくわしくわかります。

❷ コンビニエンスストアは、POS システムを始めたことで、販売の仕事がどのように便利になったのでしょうか。資料やインタビューで調べましょう。

❸ 本部では、消費者のポイントカードなどによって集められた大量の情報をどのように活用しているのでしょうか。調べたことをもとに話し合いましょう。

話し合おう

チャレンジ Google Forms を使ったり、エクセルのデータを送信したりするなどして、コンビニエンスストアの店舗と本部のやりとりをシミュレーションしてみましょう。

商品を運ぶ仕事に情報をどのように活用しているでしょうか

年　　組　名前（　　　　　　　　　　　　　）

❶ コンビニエンスストアで商品がとどくまでの流れを下の表にまとめましょう。

① コンビニエンスストア	
② 本部	
③ 工場	
④ 配送センター	

❷ ウェブの地図を使って近くのコンビニエンスストアの場所を確認し、自分がトラックの運転手ならどんな輸送ルートをたどるか考えましょう。教科書のイメージ図をヒントにして、途中で時間がかかってしまうトラックがあったらどうするかも考えてみましょう。

....
....
....
....
....

チャレンジ コンビニエンスストアでは、災害が起こっても店を続けます。また、水道水やトイレ、災害の情報など様々なものを地域に提供しています。どうしてこのような救援活動をするのでしょうか。考えたことを交流しましょう。 話し合おう

....
....
....
....

はん売の仕事では、情報通信技術を活用し、サービスをどう広げているのでしょうか

年　　組　名前（　　　　　　　　　　　　）

❶ コンビニエンスストアにある情報通信技術を生かした機械でできることを調べましょう。

銀行 ATM のあずけばらい機	コピー機

❷ コンビニエンスストアで情報通信技術を使った新しいサービスが年々広がっていくことによって、お店の利用の仕方はどのように変わっていったのでしょうか。

....
....
....
....

❸ コンビニエンスストアで商品を買わずに、コピーやお金をおろすためだけにくるお客さんがたくさんいます。店長さんはどう思っているのでしょうか。理由を考えてみましょう。

うれしいと思う理由	うれしくないと思う理由

チャレンジ あなたがコンビニエンスストアの社長だったら、情報通信技術を使ってどんなサービスを始めますか。考えてみましょう。

....
....
....

情報を生かすわたしたち

学習計画	**2 時間**
おすすめ活動	**シミュレーション**

単元計画

	主な学習活動と評価	本時の問い	ICT 活用例
①	日常生活における情報とのかかわりについて整理して問題点やかかわり方に着目し、単元の学習問題をつくる。【主体態】 学習における誤った情報活用事例から、正しい活用方法について調べ、考える。【知・技】	情報の使い方（ルールやマナー）について学習問題をつくりましょう。 （情報を上手に活用するには、どのようなルールやマナーを心がければよいのでしょうか。）	Google スライドでかかわりのある情報端末と情報へのかかわり方を整理する。 Google Jamboard で付箋の色を分けて情報の収集と発信の考えを書き、交流する。
②	情報活用における問題点を振り返り、今後の情報とのかかわり方についての考えをまとめる。【思・判・表】	情報をどのように活用したらよいか、まとめましょう。 （情報を学習に生かすには、どのようにすればよいのでしょうか。）	スクールタクトで情報活用宣言をつくり、コメント欄で感想を交流する。

教材化のポイント

　この単元は、生活における情報との接点を確認し、インターネットの問題を明らかにするとともに、情報を受信したり発信したりする際の注意点について考える。情報を利用する中で経済的な損失が出たり、トラブル・いじめに巻き込まれたりする事例をもとに、法律やマナー、円滑なコミュニケーションの在り方について学び、今後の生活に生かそうとする態度を身につけていくようにする。個別の調べ学習はもとより、集団での考えの交流が重要である。

テーマ深掘り・探究のポイント

・プラス面：早く多くの情報が簡単に手に入るため、正しいかを考えることができる。
　マイナス面：SNS による被害や買いすぎたり、情報と違う商品がとどいたりする危険がある。

・ルール・マナー：本当かどうかを確かめずに書き込まない。人権侵害の恐れ。
　法律：つい過激な言葉で暴言を吐いて刑法違反になる。違法サイトに誘導される。

・個人情報保護法：名前や住所、電話番号などの大切な情報を守るための法律で、知るためには許可が必要。もらしたりしないように気をつける必要がある。
　刑法：人が悪いことをしたらどんな罰を受けるかを決めたルール。

・社会や総合的な学習の時間の調べ授業。教科の学習で記録を取ったものを保存したり見せ合ったりする授業。教科の学習でまとめたものを交流する授業。

・だれがつくったサイトなのかをふまえ、信用できる情報源から集める。発信するときには、ダウンロードしたものを使うときは発信元を明らかにしなくてはいけない。

・学校の学習では、著作もとに許可をもらうことで使ってもよいことがある。有料サイトの画像を無断でコピーしたら違法になる。どのサイトもつくった人に著作権があるので、使用の許可の有無を調べることで違法にならず、使うことができることもある。

情報の使い方（ルールやマナー）について 学習問題をつくりましょう

年　　組　名前（　　　　　　　　　　　　　）

❶ 身の回りの生活のどんな場面でインターネットを利用しているか話し合ってみましょう。

話し合おう

インターネットを利用する場面	活用の様子

❷ 情報化社会のプラス面とマイナス面と書き出してみましょう。

プラス面：

マイナス面：

❸ 単元の学習問題をつくりましょう。

❹ SNS を利用するときは、ルール・マナーや法律をふまえると、どんなことに気をつけるとよいのでしょうか。調べたことをもとに話し合いましょう。

話し合おう

ルール・マナー	法律

チャレンジ ルールやマナーを守るために、個人情報保護法という法律があります。また、言葉による暴力は刑法に書いている犯罪になるといわれています。それぞれどんな法律か調べてみましょう。

個人情報保護法：

刑法：

情報をどのように活用したらよいか、まとめましょう

年　　組　名前（　　　　　　　　　　　　　　）

❶ これまで、授業のどんな場面でインターネットを使いましたか。思い出してみましょう。

....

....

....

❷ 情報活用で誤った使い方をして問題になることがあります。どんな使い方をすると問題になるでしょうか。体験もふまえて話し合いましょう。

話し合おう

....

....

....

....

❸ 学習でインターネットとかかわるときにどんなことに気をつけたらよいでしょうか。調べたり考えたりしたことをまとめましょう。

情報を集め、選ぶ	情報を読み取ってまとめ、伝える

❹ メディアリテラシーという言葉には三つの意味があります。調べてみましょう。

①
②
③

チャレンジ！ 勉強では、著作権法のいはんになる時とならない時があります。どんな時か調べて具体的に考えてみましょう。

いはんになる時	いはんにならない時

単元全体を見通すパイロットワーク

わたしたちが囲まれている自然環境

年　　組　名前（　　　　　　　　　　　　　）

❶ 日本の世界自然遺産の場所とその都道府県、特徴を調べましょう。

場所	都道府県	特徴

❷ わたしたちは生活する中で、どんな時自然を汚してしまうことがあるのでしょうか。考えたことを交流しましょう。　話し合おう

わたしたちの生活場面	何が、どのように汚れるのか

❸ 自然を汚さないで生活することはできないのか考え、話し合ってみましょう。　話し合おう

....

....

....

❹ これからの学習に向けてめあてをつくりましょう。

....

....

....

自然災害を防ぐ

単元計画

	主な学習活動と評価	本時の問い	ICT活用例
①	日本で起きる自然災害について、単元の学習問題をつくる。【主体態】	日本で起きる自然災害について、学習問題をつくりましょう。	Google Jamboardに貼り付けた日本地図で災害と起こる地域を調べる。
②	地震が起こる仕組みを捉え、国や自治体の協力による対応について調べる。【知・技】	地震が起きやすい場所―くらしを守る工夫。	Google Jamboardで身近な対策を調べた結果を交流する。
③	津波が起こる仕組みを捉え、国の対策や昔の人々の教えからできる備えを考える。【知・技】	津波災害が起きる仕組みと、くらしを守る取り組み。	津波の動画を見て、威力の大きさを実感する。
④	風水害が起こる仕組みを捉え、国や地域の人々ができる対策について考える。【思・判・表】	風水害が起きる仕組みと、くらしを守る取り組み。	台風の動画を見る。Google Jamboardで全国と地域の取り組みを比較する。
⑤	火山の噴火や大雪が起こる様子を捉えるとともに、被害を減らすためにできることを考える。【思・判・表】	火山災害や雪害からくらしを守る取り組み。	オクリンクでわかったことと考えたことをスライドにして感想を交流する。
⑥	自然災害について調べてきたことを整理し、自分とのかかわりについて考える。【思・判・表】	自然災害からくらしを守るための取り組みについてまとめましょう。	Googleスライドで自然災害ごとに原因と対策をまとめる。

教材化のポイント

　この単元は、日本で起こる自然災害の要因と起こる仕組みについて捉えるとともに、国や都道府県、市といった自治体による防災・減災の取り組みについて調べていきます。過去にあった大きな地震や津波の災害の被害の甚大さを感じながら、4年生の時に学習した公助・共助・自助の考え方を生かし、地域住民による防災・減災の必要性を検討していくようにします。その上で、国や自治体が行う取り組みによってくらしが守られており、自分にできることを考え、積極的にかかわろうとする態度を育んでいきたいところです。

テーマ深掘り・探究のポイント

・校舎の壁を鉄骨で補強している。校舎内に太くて丈夫な柱が何本もある。

・強い地震や井戸水、海水が引くなどの異常があったらすぐに高いところに避難せよ。
　津波は昔から周期的に来襲するので災害を記憶し、警戒を続けなさい、など。

・自分の家や学校の土地の高さと水害予測を確認し、より高い土地にある避難所や地域の施設、大型の店舗がどこにあるか確認する。家族との約束を確認しておく。

日本で起きる自然災害について、学習問題をつくりましょう

年　　組　名前（　　　　　　　　　　　）

❶ 教科書や地図帳にある自然災害年表を使って
　日本に起こった自然災害を書き込みましょう。

> ○…地震
> □…津波
> ◇…風水害
> △…噴火
> ◆…大雪

（出典：国土地理院ウェブサイト）

❷ 教科書や地図帳を使って自然災害が起こる原因を考え、話し合いましょう。

話し合おう

地震：
津波：
風水害：
噴火：
大雪：

❸ 単元の学習問題をつくりましょう。

地震が起きやすい場所
―くらしを守る工夫―

年　　組　名前（　　　　　　　　　　　　　　）

❶ 日本で地震が予想されている地域で調べて、気付いたことを箇条書きでまとめましょう。

....
....
....
....
....

❷ 地震の被害を減らすために、国や市が行っている取り組みを調べましょう。

国	市

❸ 自分の住んでいる地域では、地震の被害を減らすためにどんな取り組みをしているか調べましょう。

....
....
....
....

チャレンジ　東日本大震災の後、東北地方の再生に向けて復興庁ができました。どんな取り組みが行われているかホームページで調べてみましょう。

復興庁HP

....
....
....
....
....

津波災害が起きる仕組みと、くらしを守る取り組み

年　　組　名前（　　　　　　　　　　　　　　　）

❶ 津波の仕組みを動画で見て、どんな被害があったのかまとめましょう。

NHK for School
「津波」

❷ 津波の被害を減らすために、国や市が行っている取り組みを調べましょう。

国	市

❸ 津波の被害から身を守るための昔からの教えにはどんなものがあるか調べて交流しましょう。

話し合おう

チャレンジ！ 復興庁のホームページにある「空から見る復興の状況」のサイトにある写真から、津波を防ぐためにどんな施設がつくられたか調べてみましょう。

風水害が起きる仕組みと、くらしを守る取り組み

年　　組　名前（　　　　　　　　　　　　　）

❶ 教科書のイラストを参考にして、風水害が起こる仕組みを図にまとめてみましょう。

❷ 教科書を参考にして、自分が住んでいる県内にある風水害を防ぐための工夫を調べましょう。

ダム	放水路
防災ステーション	ハザードマップ

チャレンジ 地域の防災マップを見て、風水害が起こったらどのように避難すると災害から身を守ることができるか考え、話し合ってみましょう。　話し合おう

火山災害や雪害からくらしを守る取り組み

年　　組　名前（　　　　　　　　　　　　）

❶ 火山の噴火や大雪の被害がどのようなところで起こっているのでしょうか。教科書や地図
帳を参考にして、イラストと言葉でまとめましょう。

火山の噴火	大雪

❷ 火山の噴火や大雪の被害を減らすためにどのような施設がありますか。調べてみましょう。

火山の噴火	大雪

❸ 火山の噴火や大雪の被害をできるだけ減らすために、わたしたちが日ごろから
準備できることは何でしょうか。教科書やタブレットで調べて交流しましょう。 話し合おう

火山の噴火	大雪

わたしたちの生活と環境

わたしたちの生活と森林

単元計画

	主な学習活動と評価	本時の問い	ICT 活用例
①	日本の国土の土地利用の様子について調べ、森林が広がる特色をつかむ。【知・技】	日本の森林は、どのように広がっているのでしょうか。	Google Jamboard 上の日本地図で土地利用について調べる。
②	森林と暮らしのかかわりについて単元の学習問題をつくり、学習計画を立てる。【主体態】	森林とわたしたちのくらしとのかかわりで学習問題をつくり、学習計画を立てましょう。	Google Jamboard で森林についての予想を整理する。
③	白神山地が天然林として果たす役割と世界遺産に登録された理由について調べる。【知・技】	天然林には、どのような働きがあるのでしょうか。	白神山地のホームページを使って調べる。
④	林業に携わる人々がどのように森を育て、木材を生産する様子を調べる。【知・技】	人工林には、どのような働きがあるのでしょうか。	Google スライドを使って森林のつくり方の写真を並べ替える。
⑤	森林にどのような働きがあり、森林資源はどのように利用されているのか調べる。【知・技】	森林資源はどのように利用されているのでしょうか。	森林が水を生み出す働き等についてホームページで調べる。
⑥	森林の働きについてまとめ、今後、守るためにできることを考え話し合う。【思・判・表】	森林の働きについてまとめ、環境を守ることについて考えてみましょう。	Google スライドで森林の働きと保全について考えを交流する。

教材化のポイント

　この単元は、国土の3分の2を占める森林の働きとくらしのかかわりについて理解し、天然林と人工林それぞれの特長をつかんでいきます。白神山地が世界自然遺産に登録された理由や人工林が木材や豊かな森林資源を維持している取り組みについて調べる中で、国や企業がこれらを維持し、持続可能な国土の保全に向けて取り組んでいる様子を捉えていくようにします。こうした取り組みの中で、水や空気、住宅など、森林と人々の生活とのかかわりについて考えようとする態度を育んでいくことが大切です。

テーマ深掘り・探究のポイント

・山に森林があることで、水が地中にためられて水資源を確保するとともに、その水が長時間にわたって木々に水を送り続けることができる。また、土砂崩れを防ぐ機能もある。

・賛成の理由…森林の壮大さや豊かな動植物の大切さをより実感できるため。
　反対の理由…人が入ることで、自然に影響を及ぼしてしまう恐れがあるため。

・林業人口が減少していることから、機械化やICT化を進め従事者を増やすとともに、木材輸入量を増やさないために安定した木材生産を続けることを考えていく必要がある。

・気仙沼の地域でカキ養殖の漁民らが植林活動をしていることからこの言葉が生まれた。豊かな森が豊かな海を育むことから、海のためにも森林を守ることが大切。

日本の森林は、
どのように広がっているのでしょうか

年　　組　名前（　　　　　　　　　　　　）

❶ 教科書にある日本の土地利用の地図を使っ
　 て、森林がどこにあるか調べてみましょう。

| 黄色………水田 |
| オレンジ…畑地 |
| 赤色………都市・工業 |
| 緑色………森林 |
| 白色………その他 |

(出典：ジャストシステム)

❷ 色を塗って気付いたことをまとめましょう。

....
....
....
....

❸ 森林が多いことは、水や木材などとどのようなかかわりがあるのか考えてみましょう。

....
....
....
....

森林とわたしたちのくらしとのかかわりで学習問題をつくり、学習計画を立てましょう

年　　組　名前（　　　　　　　　　　）

❶ 天然林と人工林の特徴を調べてみましょう。

天然林	人工林

❷ 単元の学習問題をつくりましょう。

❸ 森林と人々のくらしにはどのようなかかわりがあるのでしょうか。教科書で調べたことをもとに話し合いましょう。

話し合おう

❹ 森林とわたしたちのくらしの関係が 100 年前と今ではどうちがうのか調べてみましょう。

❺ 二酸化炭素と森林にはどのような関係があるのでしょうか。調べてみましょう。

❻ 単元で調べたことをどのようにまとめるか確認しましょう。

天然林には、どのような働きがあるのでしょうか

年　　組　名前（　　　　　　　　　　　）

❶ 地図帳で白神山地を調べ、どのような場所にあるか気付いたことをまとめましょう。

....
....
....
....
....
....

❷ 白神山地の動植物についてホームページを使って調べ、気付いたことをまとめましょう。

植物：
動物：

白神山地
ビジターセンター
HP

❸ 白神山地の環境を守ることが、どうして赤石川を守ることにつながるのか調べ、考えたことを交流しましょう。

話し合おう

....
....
....
....

チャレンジ！ 世界遺産地域は、核心地域と緩衝地域に区別され、核心地域は人が手を加えず保全することにしています。一方で、緩衝地域は許可を得て歩くことができます。世界遺産の中に人が入っていくことに、あなたは賛成か反対か考えましょう。

....
....
....
....

人工林には、
どのような働きがあるのでしょうか

年　　組　名前（　　　　　　　　　　　　　　）

❶ 秋田杉などに代表される林業に携わる人はどんな仕事をしているのか調べてみましょう。

....

....

....

....

❷ 森林の木が木材になるまでの様子をイラストと説明でまとめましょう。

①	②
③	④

❸ 製材工場から出た木のくずでできる、木質バイオエネルギーの仕組みをまとめましょう。

....

....

....

....

❹ 林業で働く人々の変化と木材輸入量の変化のグラフを見て、これからの日本の林業にとって大切なことは何か考え、話し合いましょう。

話し合おう

....

....

....

....

森林資源は
どのように利用されているのでしょうか

年　　組　名前（　　　　　　　　　　　　　）

❶「森は海の恋人」というキャッチフレーズがあります。森と海にはどんなつながりがあるのでしょうか。森林と海とのつながりをイラストで表してみましょう。

❷森林管理署の方の話を参考にして、天然林と人工林が人々のくらしにどのような役割を果たしているのかまとめましょう。

天然林：
人工林：

❸自分たちが生活する地域の水道水は、どこの山の森林の働きによってどのように生み出されているか調べてまとめましょう。

❹自分たちが生活する地域の人工林には、どのような働きがあるかについて調べたことをもとに話し合いましょう。

話し合おう

チャレンジ　東京代々木公園にできた東京オリンピック記念施設は、全国の木材が使われているといわれます。新しい施設に木材が多く使われる意味を考えましょう。

環境を守るわたしたち

学習計画	**5 時間**
おすすめ活動	**ディベート**

単元計画

	主な学習活動と評価	本時の問い	ICT 活用例
①	川を利用する人々と変化に着目し、単元の学習問題をつくる。【主体態】	鴨川の変化について話し合い、学習問題をつくりましょう。	Google Jamboard で写真を見付けて気付いたこを書きこむ。
②	川が汚れていた原因や当時の社会背景を調べ、環境への意識が十分ではなかったことを理解する。【知・技】	なぜ鴨川は汚れていたのでしょうか。	Google Jamboard で当時の社会の発展と公害の様子を付箋で色を分けてまとめる。
③	川をきれいにするために整備された法律や行政の取り組みについて調べ、環境改善が進んだことを理解する。【知・技】	鴨川をきれいにする京都市の取り組み。	Google スライドで資料についてグループで調べ、全体で交流する。
④	現在、そして今後の川をきれいに維持するために行われている事例について調べ、川とのかかわりを考える。【思・判・表】	きれいになった鴨川を守る取り組み。	個別にオクリンクで川の環境維持活動について調べ、全体で交流する。
⑤	川の環境を守る取り組みを、今後、自分がどの立場で社会参画できるかを考える。【思・判・表】	鴨川の環境を守る取り組みのまとめ。	Jamboard で自分が調べる立場を決めてまとめ、グループで意見を交流する。

教材化のポイント

　この単元は、高度経済成長とともに川が汚染された歴史とその後、法整備や環境改善に向けた取り組みが行政、民間で進められてきた様子について調べていきます。この活動を通して、社会全体の環境保全に対する意識の移り変わりを捉え、持続可能な自然環境とのかかわりについて考えていけるようにします。現代においては、行政、企業、地域の三者がそれぞれの立場でできることに取り組んでいる事実をもとに、自分に何ができるかと考え、社会参画への意識を高めていきたいものです。

テーマ深掘り・探究のポイント

・昔の都があったり大都市があったりして、人が歴史的に多く住んでいるところ。

・戦後、重化学工業を中心に進んだ高度経済成長期は、メチル水銀やカドミウムなどの有害物質を自然環境や人への影響を考えずに使用してきたために問題が起こった。

・地下水を使うことで、川の水の消費量を減らし河川の環境を守ることができる。また、使用済みの水を下水道に流すことで、汚れをきれいにして川に戻すことができる。

・鴨川が安心・安全な川として、次の世代に引き継げるように住民が話し合って条例を決めたので、今後もよい環境が守られるように一人一人が考えるようになった。

鴨川の変化について話し合い、学習問題をつくりましょう

年　　組　名前（　　　　　　　　　　　　　　）

❶ 教科書にある京都の鴨川と住んでいる地域の川について、それぞれどのように利用されているか調べましょう。

鴨川：

地域の川　「　　　　　　　　　　　　　川」：

❷ 地図で京都の鴨川と周辺の川の流れを見て、川を流れる地域にはどんな市町村が広がっているか調べてみましょう。

＿＿＿

＿＿＿

＿＿＿

＿＿＿

❸ 1960年代の川が汚れていた写真を見て、感じたことや原因など、考えたことを話し合いましょう。　　　話し合おう

＿＿＿

＿＿＿

❹ 鴨川におけるBODの値の変化のグラフを読んで気付いたことや疑問をまとめましょう。

気付いたこと：

疑問：

❺ 単元の学習問題をつくりましょう。

なぜ鴨川は汚れていたのでしょうか

年　　組　名前（　　　　　　　　　　　　　　）

❶ 教科書や当時の新聞記事から川が汚れた原因について調べましょう。

....

....

....

....

❷ 1960 年代の公害にかかわる苦情・ちん情が多かった都道府県の地図を見て、どんな地域で公害の被害が大きかったのか考えましょう。

....

....

....

....

❸ 1955 年から 1970 年までの産業や人口の変化の様子と公害の様子について表に整理しましょう。

産業や人口の変化	公害

チャレンジ！

四大公害事件とはどのようなものでしょうか。どれか一つ選んで調べてから友達と交流し、当時の社会にどのような原因があったのか考えましょう。　話し合おう

....

....

....

....

鴨川をきれいにする京都市の取り組み

年　　組　名前（　　　　　　　　　　　　　）

❶ 下水道が整備されると、川の汚れはどのように変わるのか調べてみましょう。

....

....

....

❷ 環境にかかわる法律の制定やできごとを調べ、当時の人々が考えたことや努力したことを考えて話し合いましょう。 話し合おう

年	環境にかかわる法律の制定やできごと	工場や家庭の人々が考えたことや努力したこと
1958		
1967		
1970		
1971		
1993		

❸ 京友禅を洗う水を川の水ではなく地下水にしたことや、洗い終わった水を下水道に流したことは、水をきれいにするのにどのように役に立ったのでしょうか。考えましょう。

地下水の利用	使った水を下水道に捨てる

チャレンジ 1980年ころからイベントとして鴨川での「友禅流し」が復活しました。川の水質汚濁が懸念される中で復活させたいと思う職人や観覧する人の気持ちを考えてみましょう。

....

....

....

きれいになった鴨川を守る取り組み

年　組　名前（　　　　　　　　　　　　）

❶ きれいになった鴨川を利用する人たちがまた、川を汚してしまっています。どのようにして汚してしまうのか調べてみましょう。

....

....

....

....

❷「鴨川を美しくする会」の人たちは、清掃活動や子どもたちに環境について話す活動をしています。地域の人や子どもの参加による効果について話し合いましょう。　話し合おう

自分の考え：
話し合ったこと：

❸ 京都府は、住民と話し合いを重ねて「京都府鴨川条例」をつくりました。この条例によって住民と鴨川とのかかわりはどのように変わったのでしょうか。調べて考えてみましょう。

....

....

....

....

チャレンジ 「京都府鴨川条例」では、打ち上げ花火禁止区間やバーベキューの禁止区間が定められていますが、鴨川周辺すべてではありません。できるところとできないところがあります。すべて禁止にしたほうがわかりやすいはずです。どちらがよいのか話し合ってみましょう。　話し合おう

自分の考え：	
「すべて禁止」がよい理由：	「一部禁止」がよい理由：

鴨川の環境を守る取り組みのまとめ

年　　組　名前（　　　　　　　　　　　　　　　　）

❶ 京都府・京都市と友禅洗い職人の方、鴨川を美しくする会の人の三つ立場の中から、一つ選んで鴨川をきれいにする取り組みについて調べてきたことをまとめましょう。

....
....
....
....
....

❷ あなたが京都に住んでいたら、❶で調べた三つの立場のどの活動に協力できそうですか、考えたことをもとにグループで交流しましょう。　話し合おう

あなたの考え：
[　　　　　　　　] さんの考え：
[　　　　　　　　] さんの考え：
[　　　　　　　　] さんの考え：

❸ グループで話し合ったことをもとに、住んでいる地域でできそうなことややってみたいことをまとめましょう。

今からできそうなこと：
今後やってみたいこと：

あとがき

　本ワークシートを使って５年生の学びを終えた時に、子どもが次の三つのおもしろさを感じてもらえたらと願っています。

> ❶５年生の社会科学習は、広い視野から物事を考える力が身に付いておもしろい
> ❷個別にとことん突き進める学びも、仲間と協働する学びもおもしろい
> ❸ＩＣＴを使うと学びが広がり、どこまでも自分で進められておもしろい

❶５年生の社会科学習は、広い視野から物事を考える

　５年生は、我が国の産業について学んでいきます。３・４年生とは異なり、学習対象は行ったことのない地域のことばかり。地球儀や世界地図を使って物事を俯瞰する必要がある上に、学習内容が多くたくさんの情報を読み取り、考えていく必要があります。だからこそ、本ワークシートを使って、知識を整理したり話し合いで考えを深めたりして、じっくりと学んでほしいと思います。

❷個別の学びも協働的な学びもどちらも大切

　本書は、ワークシートとなっていることから、教室での授業はもちろんのこと、自習時間やオンライン授業でも使える上に、不登校のお子さんも自分のペースで取り組むことができます。目の前に教師がいなくても、学習を進めることができるのです。「個別最適な学習」にもってこいの１冊です。

　また、ここは他者の考えを取り入れてほしい、喧々諤々と議論を重ねてほしいというところに「話し合おう」マークを表記しました。子どもが話し合いの価値を感じ、「協働的な学習」を進めていくことをも期待しています。

❸ＩＣＴ活用の本当の価値は、学びが「自分で広げるもの」であることを実感すること

　近年、日本の国際競争力の低下が顕著になっており、その原因が情報活用力や教育力であるとする文献をよく目にします。学校現場では、一人一台端末が配備されて数年が経ち、使い方のマンネリ化やafterコロナとなったことによる使用頻度の低下が感じられます。私たち教師は今一度ＩＣＴ活用の価値を見出し、業務はもちろんのこと、授業改善を本気になって考える必要があるのではないでしょうか。

　本来、インターネットは、瞬時に世界中とつながることのできる極めて優れたツールのはずです。子どもが授業の中でこのことを実感し、興味や関心のある物事に対して自ら情報を求め、視野を広げていくことを願ってやみません。

　最後になりましたが、大阪教育大学の峯明秀先生、学芸みらい社の樋口雅子様には、本書執筆の機会を頂くとともに、執筆に際し数多くのご指導、ご助言を頂きました。また、本書の姉妹本である「３・４年生本」を執筆された山方貴順先生には、コンセプトの設定から構成に至るまでたくさんのご助言と刺激を頂きました。本書の執筆にかかわっていただいた皆様に、心より御礼申し上げます。

令和６年２月

佐々木英明

著者紹介

佐々木英明（ささき・ひであき）

1981年、北海道生まれ。北海道教育大学大学院教育学研究科修了。
第33回東書教育賞（論文執筆）優秀賞受賞。第35・37回寒地技術シンポジウム（論文執筆）寒地技術賞（地域貢献部門）受賞。家族でフィールドワークをしながら札幌を中心に北海道の魅力について研究を深める。2人の子どもも自由研究で全国児童生徒地図作品展に選出。座右の銘は「覧古考新」「彼を知り己を知れば百戦殆うからず」「人のために火を点せば我が前明らかなるがごとし」。

社会科の学び楽しくパワーUP
QRでパッと調べ 皆でつくる学習問題！
社会科ワークシート 小学5年

学芸みらい社

2024年4月15日 初版発行

著者	佐々木英明
発行者	小島直人
発行所	株式会社　学芸みらい社
	〒162-0833 東京都新宿区箪笥町31番 箪笥町 SK ビル 3F
	電話番号 03-5227-1266
	https://www.gakugeimirai.jp/
	e-mail：info@gakugeimirai.jp
印刷所・製本所	藤原印刷株式会社
企画	樋口雅子
校閲・校正	菅 洋子
装丁デザイン・本文組版	児崎雅淑（LiGHTHOUSE）

落丁・乱丁は弊社宛にお送りください。送料弊社負担でお取り替えいたします。
© Hideaki Sasaki 2024 Printed in Japan

ISBN 978-4-86757-049-4 C3037